麦肯锡
谈判

扭转危机的55个方法

宁姗 著

南海出版公司

2016 · 海口

图书在版编目（CIP）数据

麦肯锡谈判：扭转危机的 55 个方法 / 宁姗著 . — 海口：
南海出版公司 , 2016.10
ISBN 978-7-5442-8515-5

Ⅰ . ①麦… Ⅱ . ①宁… Ⅲ . ①商务谈判 Ⅳ . ① F715.4

中国版本图书馆 CIP 数据核字（2016）第 229396 号

MAIKENXI TANPAN：NIUZHUAN WEIJI DE 55 GE FANGFA

麦肯锡谈判：扭转危机的 55 个方法

作　者	宁　姗
责任编辑	曾科文　孙翠萍
出版发行	南海出版公司　电话：（0898）66722926（出版）　　（0898）65350227（发行）
社　址	海南省海口市海秀中路 51 号星华大厦五楼　邮编：570206
电子信箱	nhpublishing@163.com
经　销	新华书店
印　刷	三河市祥达印刷包装有限公司
开　本	787mm×1092mm　　1/16
印　张	17.5
字　数	213 千
版　次	2016 年 10 月第 1 版　2016 年 10 月第 1 次印刷
书　号	ISBN 978-7-5442-8515-5
定　价	36.00 元

谈判能扭转危机吗

当危机到来之时，你会做何举措？是硬着头皮迎难而上，还是听天由命随波逐流？很多时候，盲目地迎难而上与随波逐流一样，都会导致失败的结果。想要更好地战胜困难、扭转危机，你需要冷静，更需要智慧。一旦拥有了冷静的心态和智慧的想法，你就会看到有一扇通往光明的大门正在缓缓打开，它就是"谈判"。

唯物辩证法强调，任何事物在发展的过程中都不可能是一帆风顺的。在生活和工作中，总会遇到不如意的事情，谈判不失为一种解决问题的良好方式。只要大家对同一件事情抱着期望，谈判就有可能发生。可以说，谈判无所不在。特别是在商务活动中，谈判显得尤为重要。

不同的人对谈判有不同的认识，对谈判所下定义也不一样。英国著名的学者马什认为，谈判是"在一项涉及各方利益的事务中，各方为了满足自身利益，进行磋商，并根据谈判情况及时调整各自条件，从而达成一项各方较为满意的协议"的一个不断协调的过程。克里斯托夫·杜邦，法国谈判学专家，在《谈判的行为、理论与应用》一书中指出，谈判是"使相关角色面对面坐在一起，各角色因持有分歧而相互对立，因彼此需要又互为依存。通过达成某种协议，以便终止分歧，创造、维持、发展某种关系"的活动。我国学者对谈判的认识简单明了。《国际商务谈判》的作者张祥认为，"谈判是人们为了协调彼此之间的关系，满足各自的需要，通过协商而争取达到意见一致的行为和过程"。

综上所述，谈判是一种活动，即在正式专门场合下安排和进行的各种形式的"交涉""洽谈""磋商"等活动。从谈判的定义来看，谈判是一种谋求共赢的活动，各方经过磋商、交换意见，期望逐步消除分歧，最终达成妥协或一致的社会交往活动，是各方为了各自的目的而协商的活动。

那么，谈判应该怎么谈才能实现既定目标呢？肯定不是各方见个面、随便聊聊、签字画押这么简单。世界著名咨询企业麦肯锡公司在谈判方面有着极为丰富的经验和各种理论体系，比如享誉世界的"逻辑金字塔"、MECE、SCQA等分析法。本书以谈判的标准流程为骨架，以麦肯锡的谈判方法论为血肉，将一个完美完整的谈判方案展现。

希望在前方，路在脚下，你需要的方法，
或许就在你手中的这本书里。

目 录
CONTENTS

第一章
认清危机，才有扭转的可能性

要想避免危机产生的负面影响、快速从危机中脱身，就要对危机有一个全面的了解，如此才能有的放矢地制订谈判策略、获得谈判的成功。本章主要介绍了危机的产生、危机的影响以及危机的分类和发展，分析了危机产生的原因以及特点，引出通过谈判来解决危机的方法。

○ 我们总是被看不到的危机伤害

在经营的过程中，企业所处社会环境如果由于不确定的因素突然出现变化，比如企业自身问题、行业问题、国家标准更改等问题，或者企业在经营的过程中没有按照客户的要求进行活动，从而会引发的一系列危害企业的行为。由于经营活动总是伴随着企业与外部世界的交互、企业内部员工之间的交互、企业与股东之间的交互，由于各方利益取向不同，从而不可避免地导致各方利益冲突。当这些冲突发展到一定程度并对企业声誉、经营活动和内部管理造成强大压力和负面影响时，就演变成了企业危机。

危机，顾名思义，危险和机遇并存。一个人、一个企业甚至于一个国家只有充分意识到了危险的存在，才能够采取措施提前预防，进而成为发展的机遇。如果企业对环境的变化缺乏高度的警觉性，对生存环境变化带来的危险浑然不觉，就会逐渐失去竞争力，危险到来时就会手足无措，像温水煮青蛙一样，无力应变，安乐至死，最终被市场淘汰。这也就是说，温水是看不见的危机，它总是会在不知不觉中令我们伤得不轻，甚至死到临头还浑然不觉。电脑界的蓝色巨人IBM当年的"惨败"是温水煮青蛙的典型案例。

IBM公司即国际商业机器公司，成立于1911年6月16日，是一家信息技术公司。当大型电脑可以为公司带来丰厚利润，使IBM品尝到辉煌的甜头后，IBM的管理者以为从此可以高枕无忧，整个IBM都沉浸在绝对安逸氛围里，危机感尽失。在IBM还陶醉在自我成功的喜悦时，市场环境已经慢慢发生变化，人们青睐于小型电脑，因为它携带方便。IBM却对市场出现的这种新情况不予理睬，如温水里面的青蛙，根本没有意识到市场危机的降临，依然沉醉于大型主机电脑造就的辉煌中，继续加大大型主机电脑的市场比重，最终自己搬砖砸到了自己。

成败之间仅仅在于一种观念、一种意识——危机。如果管理者忽视危机的存在，不能让危机意识在企业内部长久存留，企业就会最终如同青蛙那样"死于安乐"。如果一个企业能够时刻保持高度的危机意识，公司就会激发出无穷的潜力，在危险来临的时候找到成功的机遇，从而促进企业的发展。

由于企业危机对企业发展、生存产生重要的影响，甚至起着巨大的冲击和破坏作用，所以，对于一个企业来说，领导者对危机的认识直接影响着企业的成败。

○ 危机面面观：资产亏损危机

任何企业的成功都不可能一帆风顺，都是在克服一个个危机的过程中成长起来的，其中资产亏损危机是企业面临的首要危机。企业是以营利为目的的经济组织。企业只有处于盈利状态，资金流转状态良好，才有可能获得大的发展。如果一直处于亏损状态，企业就会失去存在和发展的物质基础。巨人集团神话般崛起，而又神话倒塌，直接原因就是亏损问题。

从崛起、衰落再到崛起，巨人都不愧是一个神话。史玉柱，1989年8月深圳大学硕士研究生毕业。毕业后的他，怀揣着创业的梦想，向亲朋好友借来4000元钱，承包了某大学在深圳的电脑部，开启了创业之旅。以抵押方式获得先打广告后付款的许可，在《计算机世界》做了广告，将其开发的桌面排版印刷系统推向市场。《计算机世界》给史玉柱的付款期限只有15天。广告登载后的12天，史玉柱分文未进。第13天出现了转机，3笔汇款汇入史玉柱的银行账户。

就这样，史玉柱把公司所得全部投入广告，4个月后，其销售额一举突破百万大关，为巨人集团创业奠定了基石。

随着手中的资本越来越多，史玉柱有了创立公司的打算。1991年4月，珠海巨人新技术公司注册成立，史玉柱任总经理，注册资金200万元，从此公司走上飞速发展之路。1993年，实现销售额300亿元，利税4600万元，成为中国极具实力的计算机企业。

巨人集团的发展，受到了社会以及领导的高度重视。史玉柱也有了更大的目标。为了适应公司的发展，1994年初，他决定修建巨人大厦。按照最初的设想，公司资金应该不成问题，但是这座最初计划建18层的大厦，在各种因素叠加之下，一直升到70层，投资也从2亿增加到12亿。而当时的史玉柱手中仅有资金1亿多元。

史玉柱发现，计算机日新月异，汉卡的作用已经完全被软件所代替，但正版软件价格高，根本抵不过低廉、猖獗的盗版。经过大量的科学的市场考察，他决定改变企业发展战略，把一部分注意力转向了保健品，要进行多元经营。经过一系列的精心准备，1995年正式打响了以药品和保健品为主的"三大战役"，把10种药品、12种保健品、10多款软件一起推向市场，被评为最差广告的脑黄金也开始进入人们的视野。

巨人的命运也出现转折。在多元化经营的庞大摊子下，巨人大厦需要巨资承建，让人不可思议的事情是，集团却未向银行申请任何贷款，终因财务恶化而陷入破产的危机之中。为追求资产的盈补性，巨人集团以超过其资金实力十几倍的规模投资于一个自己生疏而资金周转周期长的房地产行业，等于是把公司有限的财务资源冻结，给公司的资金周转带来很大困难，保健品为主的生物工程因缺乏正常运作的基本费用和广告费用不足而深受影响，最终使企业由于资产的盈利性与流动性的相互矛盾中陷入难于自拔的财务困境。

虽然史玉柱已经东山再起，但是公司轰然倒塌的经历让他终生难忘。公司在重塑雄风的过程中，史玉柱非常重视资产的盈利与运作，最大限度避免资产亏损，时刻让公司资产处于良性的运作之中。

巨人集团的神话故事，让企业充分意识到资产的重要性。没有资产的最大限度的良性运转，就不会有公司的健康发展。在企业再起的过程中，史玉柱为自己制定3项"铁律"：

要有忧患意识，公司必须时时刻刻保持危机意识，随时防备公司突然出现最坏的局面，每时每刻提防公司明天会突然垮掉。公司在发展过程中不得盲目冒进，草率进行多元化经营，要做好充分的市场调查研究，从市场的实际需求出发，制定科学的经营战略。让企业永远保持充沛的现金流。

没有资金的正常流通，企业就没有正常发展的空间，没有最基本的物质保证，所以企业经营成功必须以资金的正常运转为前提。

事实上，任何企业的健康发展都离不开资产的正常运转。为了防止资产亏损，作为企业应该做好以下事情：

1. 要有科学的战略目标

巨人集团在原本蒸蒸日上的态势之下，由于目标定位不准，不顾自己资金短缺，盲目上马房地产，开展多元化经营，造成公司的资金链断裂，破产就是不可避免的事情。

2. 要有科学化的管理和技术的创新

巨人集团资金亏损的一个重要原因是企业管理跟不上企业的发展，管理没有随着公司规模的扩大而逐步规范。一般情况下，集团公司管理的主要任务是集团公司的有效整合。这是集团公司稳定健康发展的关键。不能有效整合就难于发挥集团的整体优势，充其量是一个大拼盘，子公司会各自为政，造成集团内部协调运作困难、财务失控。巨人集团采用的是控股型组织结构形式，使各子公司保持了较大独立性，但由于管理不规范，缺乏科学性，缺乏相应的财务控制制度，造成违规违纪、挪用贪污事件层出不穷，加速了巨人集团陷入财务困境的步伐。

3. 要确保公司有限财务资源的合理配置和有效利用

巨人的最初的成功是因为财务资源得到最合理的配置和最合理的利用，而倒塌则是财务资源没有得到合理配置和利用，成了"死钱"，所以企业要保持资产盈利就要把资产盈利性与流动性、有限的财务保持资产结构与资本结构有机协调，从而在资金上保证公司的健康发展。

4. 公司生产的产品要适销对路

公司盈利、资金的良性运转依靠的都是产品的畅销。也只有产品被消费者购买，企业才能盈利。史玉柱经常深入消费者中间，调查消费者的爱好和消费方式，做到有的放矢，才有了他最后的东山再起！

○ 危机面面观：人力资源危机

企业的发展离不开生产者和经营管理者，所以人力资源是企业发展最核心的资源。人力资源一旦出现危机，将预示着企业的发展面临危机。

根据企业面临的危机数量，企业危机状态分为3种：一般、中度和高度。面临1~2种的为一般危机，面临3~4种的为中度危机，面临5种以上的为高度危机。有人曾做过调查，结果显示，人力资源危机已成为影响企业发展的首要因素。我国40.4%的被访企业处于中度危机状态，超过半数以上的企业处于中高度危机状态，14.4%的被访企业处于高度危机状态，有33.7%的被调查企业表示人力资源危机对企业产生了严重影响。

造成人力资源危机的主要原因是管理失控。根据产生危机的原因，可以分为4种类型：人力资源过剩危机、人力资源短缺危机、企业文化危机、企业员工忠诚度危机。

1. 人力资源过剩危机

人力资源过剩危机一般是相对的过剩。主要和企业的经营状况有关系，一般由以下3种情况引起：企业效益不佳、企业并购或者战略失误。主要表现为两种情况：一是人力资源存量太多，二是配置超过企业经营战略发展需要。一旦企业规模扩大，或者企业效益提高，或者企业的经营战略发生变化，人力资源过剩危机会自动解除。

由于企业经营不佳，造成企业效益低下，市场萎缩，前景暗淡时，需缩减业务规模或撤销分支机构，造成人力资源过剩，这是企业危机中最为明显的一种危机。

企业并购是企业进行资本运作和经营的一种主要形式，包括兼并和收购两种，以一定的经济方式取得其他法人产权的行为，是双方在平等自愿、等价有偿基础上进行的。企业并购虽然能扩大企业生产规模，但是，比如重复的机构如何整合，管理人员如何安排，如何才能让企业在扩大规模的时候提高效率，这些问题如果处理不当，不仅不能提高企业的竞争力，反而会造成人力资源的过剩，使企业产生人力资源过剩危机。

一些企业根据过高的目标设置组织结构，配置人力资源，但在实际完成情况与目标差距较大时，就会出现各级组织平台上人满为患，人浮于事，最后不得不大量裁员，不仅影响了公司形象，也是对员工不负责任。

2. 人力资源短缺危机

人力资源短缺危机和过剩危机从名称看好像是两种相反的企业危机，事实上这两种危机都是企业在扩张过程中所产生的一种危机，虽然都对企业的发展产生一定的影响，但是人力资源短缺危机是影响企业发展的核心因素。面对激烈的市场竞争环境，企业要生存和发展就必须具备较强的市场竞争力，如果人力资源缺乏会直接导致企业经营战略不能展开，严重者可贻误先机。比如，核心人才匮乏，战略目标就得不到实施；人员素质水平不够，战略目标将会无法按期完成，使企业在激烈的市场竞争中总是处于劣势，陷入经营管理的困境。主要有两种表现形式：

（1）人力资源素质性短缺危机

随着企业的发展，其战略目标和发展策略都会有相应的变化，要求管理水平和技术均会相应变化，如果公司员工的技术水平和管理水平不能适应变化，企业就会出现人力资源素质性短缺危机，即人力资源素质水平不能满足企业发展战略要求。

人力资源短缺性危机在许多企业普遍存在，不仅表现在员工的知识、技能和经验方面，还表现在员工的职业精神和职业道德方面，其水平都滞后于企业的发展战略，不能和企业发展的需要保持同步，比如员工行为常常违背或达不到战略的要求，员工思维没有进入战略状态，造成工作中的许多错误和矛盾。这种危机持续的时间长短，与企业培训体系是否完善、是否有效有直接关系。

（2）核心人才缺乏

企业生产经营需要大量的普通员工，更需要一些核心人才，特别是以项目形式运作的高新技术类、工程类等企业，这类人才就显得尤为重要。如果缺乏项目运作的人才，项目规划就不能正常进行，从而严重阻碍企业的发展。由于市场的周期性变化或不确定性，人力资源规模也受市场周期变化的影响，在旺季时，核心人才严重短缺，使得已有核心人才疲于奔命，而在淡季时，人员过剩，办事效率低下，增加了企业的用工成本。改变这种现状需要企业提前做好用工计划，防止出现结构性短缺，给企业和员工带来不好的影响。

3. 企业文化危机

这是一种负面的心态在员工的内心蔓延和传染，是各种人事矛盾和冲突的根源，是目前企业最常见的一种人力资源危机。其本质在于缺乏正确的企业核心价值观或有效的沟通与传播途径，员工处在无主流意识支配状态，一盘散沙。表现为：由于没有共同的愿景、心灵的契约，员工缺乏对企业的社会存在价值与理由的认知或认同，各自为政，凡事先从个人或小团体出发，凡事先替自己打算，先自己后他人，甚至把个人利益、局部利益看得高于整体利益，企业内没有公正、公平可言，等等。

企业产生文化危机，简单地说是企业内部各种利益群体价值观或价值取向无法达成共识，企业缺乏凝聚力和号召力，员工的利益要求得不到满足，没有归属感。企业文化虽然不能直接产生经济效益，有时候还需要企业加大投资，提高了企业的经营成本，但是从长远看，它激发了员工的工作热情，调动了员工的生产积极性。然而许多企业的经营者和管理者看不到企业文化的作用，经常是重生产轻文化，产生企业文化危机。从某种意义上讲，企业文化与企业的管理者有直接的关系，企业文化危机产生的根源在于企业家或企业最高领导者自身的素质和魄力，如果管理者缺乏崇高的精神境界或文化建设能力，就不可能在企业内部营造出企业可持续发展的内驱力和精神支柱，更不能形成企业的凝聚力和核心力。

4. 企业员工忠诚度危机

这类危机的出现直接影响企业发展。由于企业不注重企业文化建设，员工缺乏基本的企业认同，为了追求更高的收入、更大的个人发展空间、更好的发展前途，就会产生跳槽的念头。特别是高层的集体跳槽会给企业带来严重的损失。原高层管理人员只要不改换行业，投奔的往往是原企业的竞争对手，给原企业的经营和发展带来的冲击可想而知。

企业追求的是利润，是企业效益，而员工在意的则是自己的饭碗。员工不仅在意自己的饭碗能不能端牢，更在意饭碗的质量，所以他们关注当前的福利待遇，也更关心个人和单位今后的发展前景。企业要想留住人才，不单单要建立健全薪酬体系，因为直接影响员工眼前的经济利益，更需要创建良好的企业文化，让员工对企业有情感归属和价值认同，增强企业的凝聚力。

总之，人力资源危机对企业的发展有着重大的影响。为避免不必要的损失，企业应该根据不同的情况做好相应的准备，特别是管理者要提高识别和应对人力资源危机的能力。

○ 危机面面观：企业形象危机

企业形象是企业文化的外在体现，是企业内外对企业的整体感觉、印象和认知，是企业状况的综合反映。良好的企业形象是企业经营成功的重要因素。在激烈的市场竞争中，企业只有具有良好企业形象时，消费者才愿意购买该企业的产品或接受其提供的服务；否则消费者就会拒绝购买该企业的产品或其提供的服务。企业的产品或者服务只有顺利地销售出去，企业才有可能盈利，所以拥有良好的企业形象不仅是企业创造利润的前提，更是企业长久发展的必要条件。

企业一旦出现形象危机，就会给企业造成不可挽回的损失。有人认为企业形象危机是"企业由于管理不善或操作不当，使企业的信用、名声和威信在市场、社会上大大降低，对企业经营造成不利影响，使企业处于可能发生危险和损失的状态中"。也有的人认为企业形象危机是指"企业在生产和运行中，由于内部管理不善、企业家自身形象或者企业不正当竞争等因素，而在社会公众和消费者中产生负面影响和评价，降低了企业在社会公众中的信任和威信"。不管是哪种看法，都强调了一点，即一旦企业产生形象危机，企业的产品或者服务已经不再被社会和市场接受或者认可。这直接关系着企业的长远利益和命运。

2009年4月13日，以去火闻名的王老吉被杭州某消费者起诉。该消费者由于经常饮用王老吉，引发了胃溃疡。此起诉引起舆论的关注，国家职能部门立即行动，问题很快有了定性，5月11日，国家疾控中心营养与食品安全所常务副所长严卫星对外发布消息：王老吉添加的某些原料不符合《食品安全法》规定的要求，不在已经规定的既是食品又是药品的名单之列。此消息一出，王老吉陷入"添加门"危机。

企业的知名度越高、品牌影响力越大，那么企业形象危机产生之后，对公众和舆论的影响力就越大。"添加门"迅速点燃了众多媒体的兴奋点，有客观报道，也有片面消息。王老吉的企业形象很快受到打击，企业效益锐减，王老吉背负着巨大的舆论压力。

王老吉迅速采取应对措施，以广东食品协会为载体，紧急召开记者招待会。招待会对外宣称，王老吉不存在添加物违规问题，其凉茶中含有的夏枯草配方是合法的。为了尽快解除危机，王老吉通过当时的卫生部发布声明，称自己在2005年就已经在卫生部备案，一再强调夏枯草非常安全，无任何毒副作用。

王老吉的企业形象危机经过紧急处理之后，得到一定程度的缓解。这件事告诉大家，作为企业，特别是知名度及影响力很大的企业，任何一点波澜都可能产生企业形象危机，要求企业在平时的生产经营活动中必须做到以下3点：一是依法经营，严格遵守行业规则，降低危机发生的可能性。二是营销宣传有度，不要做虚假宣传，避免过分夸大授人话柄。三是积极建立品牌美誉度。信誉是一个企业无形的资产，是一个企业存在和发展的生命。

企业形象危机是任何企业在其经营发展过程中都不可避免地会遇到的问题，比如企业产品质量不合格、诚信危机、法律纠纷、劳资纠纷、重大事故等一旦被公众知晓，就会给企业带来危机，令企业形象遭受考验，进而影响企业的经营绩效，甚至关系着企业的生死存亡。

所以企业形象危机有着不同于其他危机的特征，一般具有突发性。危机一旦发生，企业原有的发展格局会突然被打乱，对企业的影响也是立竿见影的，甚至是毁灭性的，这就要求企业的决策管理者迅速做出反应，尽量将危机所带来的风险降到最低。

造成企业形象危机的原因有多种，一般来说有两种情况：外因和内因。外因是外部某些不可抗力的原因，比如毒奶粉事件对整个乳制品行业的影响，瘦肉精对整个肉类行业的影响等。内因则是企业内部危机意识不强、管理疏忽和麻痹大意等，主要表现在以下几个方面：一是企业价值理念层面上，缺乏正确的企业文化作为指导；二是企业形象管理指导层面上，缺乏必要的危机意识和危机预警机制；三是在企业形象管理操作层面上，缺乏科学系统的理论指导；四是在企业形象危机处理层面上，缺乏深刻认识和正确的处理技巧。

很多企业对形象危机缺乏足够深刻的认识，所以当企业形象危机发生时，企业反应滞后，不能及时与消费者、媒体进行沟通，更有甚者危机出现时，试图掩盖事实，不坦诚认错，往往会得到适得其反的效果。

就像人一样，企业有时也会犯错误，错误出现后及时将所犯错误的原因及事情发展的经过与消费者沟通，危机处理透明化，最大限度地取得消费者的原谅，才有利于企业形象危机的处理。

○ 危机面面观：发展瓶颈危机

瓶颈，顾名思义是瓶子颈部。如果方式正确，瓶颈会很快被突破，否则也有可能一直被困在瓶颈处。任何事物的发展都有一个过程，就像人生一样有高潮也有低谷，低谷就是发展瓶颈期。企业的发展也有自身的瓶颈期。造成企业瓶颈的有两种情况：一种是产业瓶颈。是指在相关联的产业系统中，有一些不能适应其他产业发展的产业。一种是生产瓶颈。是指有些因素，包括工作流的完成时间、工作流的质量等，限制着工作整体水平的发挥。这个阶段就像瓶子的颈部一样是一个关口。企业经过了一阵快速发展之后，就到了关口，再往上便是出口。如果能找到出口，企业将迎来发展的机遇，取得更大的成功，否则可能一直被困在瓶颈处。

我国私营企业近几年虽然获得快速发展，但是这些企业的发展很难持久，据调查，全国私营企业约有70%在第一个5年内倒闭，在剩余的企业中，又有70%的企业在第二个5年内倒闭，平均寿命只有7.02岁。

仔细分析这些企业不难发现它们主要有以下5个共同点：

1. 缺乏科学的战略目标

科学的战略目标是一个企业长久的发展方向。遗憾的是，很多创始人在创立企业的时候并没有认真思考过企业的未来，大多只盯着近期的收益，只是考虑眼前赚不赚钱，没有真正从战略的高度来看待企业，更谈不上科学的战略规划。市场变化是迅速的，如果不能够长远打算，迟早会被挤出市场。

2. 缺乏核心产品

核心产品是一个企业立身的基石，但是很多小企业难以意识到这一点，对于自己的主营业务总是不能持久坚持，这山望着那山高，稍微赚到一点钱就想涉足别的行业。小型企业能在本行业赢得一定的生存空间是不容易的，如果不知道保持，不仅不能推进企业发展，而且还会把企业推向死胡同。

3．因人设岗，体制不全，分工不精

"麻雀虽小，五脏俱全"，对于一个企业而言，不管大小都需要有一个相对完整的组织结构，有了好的组织框架，就可以通过设立相应的标准来配备每个岗位上的人才，使人尽其才。许多企业缺乏相应的组织结构，缺乏科学的用人机制，员工岗位的设置全凭老板的兴趣，严重影响了企业的活性运转，当面临外界强烈的竞争，企业就会非常被动。

4．员工有职无权

有些老板对员工缺乏最基本的信任，当企业发展到一定的程度，老板还是事必躬亲，对员工给职不给权，部门经理形同虚设，造成员工没有最基本的工作积极性，特别是中层人员更是缺乏必要的动力。

放权是一个企业健康发展、良性运转的重要前提。只有适当放权，才能建起一支能干事的中层队伍。如果老板死抱着自己的权力不放，甚至不顾反对一意孤行，那么其前景是不容乐观的。

5．对员工过于节俭

对公司的行政支出来说，节俭是应该的，不该花的钱绝对不能乱花，这是降低成本提高效益的一个重要途径。很多小企业对于员工非常苛刻，不仅有业绩的不奖励，而且平时的每一分开支都要精打细算，生怕员工占了公司什么额外利益，即便逢年过节也从不会给员工适当的人性关怀。企业如此"节俭"，员工怎么能够积极工作呢？没有员工的积极努力，企业又怎么能

够获得迅速持久的发展呢？

企业要想获得长久的发展，不仅要有雄厚的物质基础、大量的精英人才，还必须有明确的经营目标，这是企业经营成功的前提条件。没有经营目标，企业生产就会陷入被动，只能消极应对。其次还要深入分析自己在行业中的位置，为了这一位置，企业应当怎样做，这是赢得竞争的保证，也是长久发展的关键。在当下的市场环境下，企业只有具备了科学的用人机制、合理的奖惩机制、科学的发展规划和科学的管理体制，才能突破瓶颈危机，勇敢突围，真正走向成功的彼岸，最终破茧成蝶。

○ 危机面面观：客户流失危机

客户对于企业的重要性毋庸赘言。没有大量稳定的客户就不会有企业的快速发展。在营销手段日益成熟的今天，客户变得很不稳定。客户的流失，销量的下滑，两者预示着企业效益的降低。作为企业管理者，一定要擦亮眼睛，时刻关注客户动向，以免客户在不经意间流失。客户流失危机一旦出现，就会给公司的市场运作带来不利影响。为此就要明白客户流失的原因。

1. 公司缺乏诚信导致

对公司而言，诚信是金，"言而无信，不知其可"，客户最担心的是和没有诚信的企业合作。而有些企业为了追求利润，往往是向客户随意承诺，结果又不能及时兑现，比如返利、奖励等不能及时兑现给客户。一旦顾客发现企业缺乏诚信会马上抽身离开。稳定的客源会让企业充满活力，特别是回头客的作用更是不可低估，但是不能及时兑现的许诺不仅没有为公司招来客户，反而会让一些老客户转向竞争对手，给公司带来客户流失危机。

2. 职员流动导致

职员流动是现今客户流失的重要原因之一。由于直接与客户打交道的是公司的营销人员，特别是公司的高级营销管理人员，他们的离职变动，很容易带来相应客户群的流失。据调查，公司营销人员是最大最不稳定的"流动大军"，如果不能有效地发挥他们的作用，他们就会选择离职，而他们离职的背后，往往会伴随着客户的大量流失。

3. 竞争对手的抢夺导致

在任何一个行业里面，消费者都是有限的，所以客户也是有限的，因此对于一些优秀的销量大的客户，更是公司的大熊猫，珍贵无比。但是你认为是优秀的客户，其他企业也会对他们格外关注，导致这些客户成为众多企业的争夺对象。企业的管理者一定要时刻关注这些客户的反应，防止被对手抢走。

4. 企业波动导致

任何客户都喜欢与运行良好的公司合作，运行良好的公司的产品质量和服务质量有保证。客户一旦发现公司的经营状况出现问题，为了自身利益考虑，他们经常会临场倒戈，给公司带来无法弥补的损失。管理者一定要注意保守公司秘密，以防给公司带来不必要的损失。

5. 企业管理不善导致

有的企业对待客户采取双重法则，大客户和小客户不一样的态度，这是导致客户流失危机的重要原因。一般情况下，公司"80%的销量来自20%的客户"，所以很多企业都设立了大客户管理中心，热情相待，而对于小客户则采取不闻不问的态度。其实这是一种非常错误的管理方式，小客户虽然小，但是积少成多。小客户虽然只有20%的销售量，但是对于一个年销售额10个亿的公司，且从小客户身上所赚取的纯利润率往往比大客户高，所以小客户带来的利益也是非常可观的。

另外由于公司管理不善，还会造成产品质量问题、职员离职问题以及售后服务的问题等，这些都会直接或者间接导致客户流失。

所以，防止客户流失危机的出现，公司就要做好以下3项工作：

1. 完善公司管理制度

一个国家治理得好坏，制度起着决定性的作用，治理好一个国家需要一个科学的制度。同样，管理好一个企业，防止客户流失，也需要一个科学的制度。只有完善公司管理制度，强化公司制度建设，留住人才，特别是销售和服务人才，才有可能从根本上解决客户流失的问题。

2. 公司要诚信经营

对于一个人来说，"言而无信，不知其可"。作为一个企业，效益的取得一定要在诚信经营的前提之下。如果企业事事讲求效率而忽视诚信，搞商业欺诈，虽然能带来一时的效益，但是从长远来看却会造成大量客户的流失，而且还会给企业带来其他风险。诚信经营也许在短时间内不能为企业赢得利益，但是可以赢得更长久，时间久了，诚信就是企业最大的无形资本。

3. 做好大客户的工作

公司要健康发展离不开大客户的大力支持，所以防止客户危机出现就要做好大客户的工作，提升大客户的满意度，防止大客户跳槽。为此，不仅要组建专业管理部门，还要采取对口的销售模式。要做到这一点，企业就要经常接近大客户，及时了解掌握客户需求，努力做到个性化策略制定以及个性化服务；另外还要建立销售激励体系，通过激励使其更加感觉到合作的甜头；同时还要建立信息管理系统和全方位沟通体系，为分析研究大客户需求提供信息基础，这是防止大客户流失的重要举措。

○ 危机面面观：项目停滞危机

2015年6月搜狐财经转载了《中国经济周刊》的一篇文章，题目是《李小丹缘何梦断丹东》。李小丹，原本是北京三幸环球光学有限公司董事长，怀揣梦想的他在2010年回到丹东老家，以企业家的身份投资建立了丹东新区视光产业园，得到当时丹东市政府的大力支持。据《丹东日报》称，辽宁省领导对国际视光产业园项目给予了高度评价。丹东市招商局当天的会议纪要显示，辽宁省领导当场答复将视光产业园区升级为省级重点园区，免土地出让费，给予贴息贷款……"不断出台优惠政策，并且对外发表。"这让李小丹十分激动，他仿佛看到了未来的无限商机。

但如今，随着市里面主要领导的变更，李小丹的境遇也开始发生逆转：项目停滞，债务缠身，无奈之下起诉政府……

李小丹，梦想着在丹东家乡的父老面前有一番作为，但是没有想到由于项目的停滞，让梦想彻底成为肥皂泡，这个故事充分说明了公司所承建项目一旦遭遇停滞危机，将会给企业带来严重影响，这影响甚至是毁灭性的。

项目停滞有内部原因也有外部原因。对于内部原因而言，一般是因为施工单位觉得继续进行工期对自己公司没有利益可言，或者发现该项目存在问题，这种情况下，施工单位会主动停止施工，造成项目停滞；再者是施工单位由于资金问题不能继续，项目被迫停滞，比如巨人集团的大楼就是因为资金问题停建。对于外部原因而言，一是由于天气原因造成项目不能继续进行，二是由于项目负责人以及相关人员发生变化。李小丹丹东项目的停滞就是因为市里的主要领导发生变化，继任领导的政策发生变化，导致项目无法继续进行。

项目停滞一般是由于外界的某种阻碍，导致项目不能继续发展前进。如果是外部原因导致，不仅意味着先期投入的资金都成了死钱不能动弹，而且还会影响公司的正常运转，特别是资金的正常流转，主要表现有以下3点：

1. 增加企业的财务支出

每一项工程都有一定的预算，而预算的一部分是与工期有关的，项目每滞缓一天公司就会增加一天的开支。如果项目停滞的时间短，对企业的影响还小，如果停滞时间长，就会给企业带来巨大的财务负担。

2. 影响企业的发展信誉

信誉是一个企业立身的根本，没有了信誉，企业就没有了发展的前途。李小丹的视光产业园已经与国内外的50多家企业签订了协议，协议约定这些企业来丹东投资生产隐形眼镜、镜片、医疗器械、眼科设备等，厂房由视光产业园提供。但是厂房成为泡影，不能按时交付，牵扯到施工企业的利益，而且也牵扯到工程单位的利益，视光产业园不仅要赔偿巨额的违约金，公司的许多工作也没有办法开展。

3. 影响企业的经济效益

项目停滞，不仅影响到施工单位的效益，让公司成为一个死公司，而且也影响生产单位的效益，没有厂房生产就不能进行，已经接好的订单就不能按时完成，这不仅会影响到企业的信誉，而且还会给企业带来无法挽回的损失。所以由于项目停滞，不仅企业不能实现愿景，提高企业的经济效益，而且还将严重影响企业的正常运转。

总之，项目停滞危机，不仅影响一个企业的发展，而且会引起连锁反应，可能给企业、给社会带来严重影响。

○ 真正的危机往往掩藏在表象之后

任何危机都是危险与机遇的混合体。究竟面临的是危险还是机遇，要看公司的决定，即看开的是哪扇窗。开对了窗，企业就会找到新的发展契机，否则就会给企业的发展带来不良的影响。所以，危机对于企业来说是企业发展的新起点。它总是与紧急事件、威胁和行动的需要联系在一起。

三聚氰胺之后，蒙牛的特仑苏OMP事件又进入人们的视野，人们对奶制品有点望而生畏了！

2月11日，许多记者收到了由国家质检总局发出的一份内部公函。公函内容是禁止蒙牛公司向特仑苏牛奶添加OMP。第二天OMP成为各大新闻媒体关注的热点，蒙牛一夜之间陷入危机状态。

后来虽经国家质检总局解释，暂时排除了OMP对人体的危害，但是同时指出：依据《食品卫生法》的规定，进口没有国家卫生标准的产品应当经过卫生部的批准。我国现行卫生标准没有允许使用OMP食品原料，蒙牛公司不仅擅自进口并使用OMP，且有虚假宣传的嫌疑，违反了《食品卫生法》的有关规定。

虽然总局已经指出，暂时排除OMP对人体的危害，但是中国奶业协会仍然有质疑。中国奶业协会常务理事、广东省奶业协会副会长王丁棉表示："蒙牛一直在回避事实，且以国外虚假使用情况蒙蔽消费者。事实上，OMP奶在国外很少食用。据奶协在美国的调查显示，美国政府至今没有一个权威认证机构授予该类产品以食品行业的正式批准。"

由于奶制品行业产品众多，人们一旦对蒙牛有了疑虑，对蒙牛的消费热度大大降低，蒙牛损失巨大。OMP危机的爆发，使蒙牛的企业形象大打折扣，还没有走出三聚氰胺阴影的蒙牛，再次陷入舆论谴责与市场失守的双重煎熬之中。

OMP危机事件的发生说明，企业不管做出什么决策都首先要想到不良后果，比如蒙牛在使用添加OMP的时候，就应该能够想到不经主管部门批准的后果是什么。由于蒙牛管理者抱有侥幸心理，私自使用，结果让自己陷入危机之中。虽然主管部门已经发布公告了，很多电视台也做了报道，蒙牛还特地为此召开了新闻发布会，但是此事件带来的负面影响却不会很快消失，给公司带来的损失也是无法弥补的。

通过危机的产生以及含义我们不难看出，危机具有以下特点：

1. 意外性

由于危机总是潜伏在表象之后，所以危机来临时人们会毫无防备，当企业面临危机的时候，如果管理者缺乏应对危机的智慧和能力，就会给公司带来巨大的损失。

2. 破坏性

由于危机的意外性特点，所以对于企业而言，不论危机的性质和规模，都必然不同程度地给企业造成破坏，严重者还会带来混乱和恐慌。应对危机需要管理者当机立断，及时科学地做出决策。但是由于危机迅雷不及掩耳，造成决策的时间以及信息有限，往往会导致决策失误，从而给企业带来无可估量的损失。

3. 聚焦性

好奇心是人们的一种正常心态。一旦某个企业出现问题，特别是影响消费者利益的问题，会很快引起大家的注意力。现在是信息时代，现代化的媒体工具则为事件的进展起到了推波助澜的作用，他以其传播快、影响广的特点，使危机很快成为大众关注的焦点。因为媒体要的是收视率和点击度，有些人唯恐天下不乱，所以一旦危机出现，对于他们来说就像是发现了猎物一样，兴奋异常，他们会尽其最大力量对危机进行全方位的宣传，甚至添油加醋，造成危机的破坏性和影响度大大增强。所以有人说媒体对危机来说，就像大火借了风一样。

4. 紧迫性

有专家认为，危机不但会对一个社会系统的基本价值和行为准则架构产生严重威胁，而且要求决策者在时间压力和不确定性极高的情况下，必须对其做出关键决策。这就准确表达了危机的紧迫性特征。

由于危机的爆发是突然性的，企业措手不及，所以把危机解决在萌芽之中、避免危机恶化是预防危机产生不良后果的首要任务。危机一旦爆发，如果不能及时解决危机，控制危机发展，那么它的破坏性的能量就会被迅速释放，并呈快速蔓延之势，使企业遭受更大损失。

所以，企业必须要有极强的忧患意识，有科学的决策力，以及透过现象认识本质的哲学思维，否则掩藏在表象之后的危机一旦爆发，即使能合理解决，也会带来无法弥补的损失。

○ 危机，一种难能可贵的机遇

韦氏大字典认为"危机是事件转机与恶化间的转折点"，就字面意思而言，危机是"危险""危难"和"机遇""机会"的合成，所以危机的出现只能说给企业带来一定的不稳定因素，并没有说明它的后果必然是负面的，只是前途未卜与具有相当程度的风险，如何把握好这一转折点，取决于企业决策者对待危机的态度以及解决危机的能力。

潘石屹，一个放弃稳定的银饭碗、靠在工地打工维持生计的、当今的SOHO中国的董事长，著名地产商。潘石屹能有今天，与他敢于拼搏创业的勇气有关，更与他化解危机的能力有关。他曾经说过："在如今的多元化、碎片化时代，突发事件的发生和发展已经成为企业经营过程中的常态，一旦面临怎么办？有许多企业往往表现得猝不及防，乱了心智，似乎出人意料，没有应对的准备，因而带来了今后工作中的处处被动。"

2001年，潘石屹开发的现代城销售火爆，但是没有想到的是，有多名业主反映新房子里有刺鼻的臭味。北京有关单位对房间进行了检测，发现房间空气中氨气浓度高出国家环保部门出具的参考标准，部分楼层空气中氨超标10倍以上。

潘石屹明白这一事件的严重性，如果处理不当，他将沦为黑心开发商的典型，对现代城的声誉几乎是毁灭性的打击。面对突发的危机，潘石屹沉着冷静，主动出击，很快找到原因。原来是施工单位在冬季施工时，为防止混凝土凝固加入了含氨的防冻剂。

潘石屹当机立断，一方面在第一时间向所有的客户公开道歉并说明原因，另外立刻着手在全世界的范围招聘消除氨气的设备和技术。为了彻底解除大家的疑虑，潘石屹还答应，对于想退房的客户，公司加10%的回报无理由退房。

潘石屹的这一举措，不仅打响了自己诚信、绿色的品牌，而且还为自己做了免费的广告，后来，"绿色"成为SOHO现代城的一大营销卖点，坏事变好事，历史污点变成了绿色卖点，旧项目的绊脚石变成新项目的助推器。

潘石屹用自己的实践说明，危机中不仅有毁灭和打击，还有机会和力量，关键是看决策者的态度和能力。做到这一点，关键是要做好如下5点：

1. 要有危机意识

俗话说"有备无患"，危机虽具有突发性，但任何事情的发生都不是没来由的，只要公司管理者能够仔细观察，不放过每一个经营细节，并且随时做好应对危机的准备，即便发生，公司也能应对自如，及时将危机化解，防止更大的伤害，同时也是公司提升的一个重要机会。

2. 直面应对

当危机来临时，作为公司的管理者和决策者，一定不能试着掩盖，否则会给公司带来更大的损失。一则现在是信息时代，事情发生后，真相是无法被掩盖的；二则掩盖不利于任何问题的解决，只能导致危机更加严重。只有直面应对，向公众公布实情，并且积极寻找对策，才有可能寻找到解决问题的办法。面对突来的"氨气事件"，潘石屹没有躲避，而是公开向大家道歉，并且说明事情的起因，同时积极寻找解决问题的方法，最终促成了"危机"向"机遇"的大转变。

3. 保持清醒的头脑

由于危机具有突发性和毁灭性的特征，许多决策者对危机讳莫如深，一旦危机来临，就手忙脚乱，不知所措，总是担心危机会给公司带来什么更严重的后果。其实，危机一旦发生，不管你状态如何，事情都摆在那里，不会因为你的慌乱无措而有所减缓，更不会因此而减小影响的程度。作为管理者最重要的是保持清醒的头脑，分析危机产生的原因，迅速找到解决问题的方法。否则很难改变企业被打击，甚至走向死亡的命运。

4．拿出诚信的态度

问题出来了，公司领导者的态度对问题的解决起着重要的作用。如果想息事宁人，采取忽悠敷衍的方法只会让问题更加糟糕，正确的态度是拿出自己的诚信，向顾客做出郑重承诺，一方面寻求大家的原谅，另一方面积极寻找解决问题的方法。就像潘石屹所说："我想处理好这种事件最有效的手段就是诚实、诚信。任何的技巧、任何的伎俩在危机公关中都是多余的、添乱的。如果失去了诚实，将失去一切。人可能有许多美德：勇敢、智慧、服务、创造力、帮助、乐观等等，但如果他是一个不诚实的人、说假话的人，这一切都将失去，因为基础没有了。做人是这样，做公司也是同样的道理。诚信、诚实是最有力量的解决所有问题的手段。"

5．善于利用媒体

媒体的义务是进行信息报道，危机很多时候是被媒体炒作出来的。对媒体来说，新闻的时效性就是他们竞争的商品，谁先抢得第一手资料谁就拥有商品的销售权。而对于消息的传播而言——"好事不出门，坏事传千里"，媒体更希望抢得有负面影响的"独家新闻"。因此，当有危机发生时，媒体对此就抱着特别的兴趣。成也萧何败也萧何，当危机来临的时候，公司可以利用媒体的猎奇心理，主动接受媒体的报道，并积极同他们合作，争取媒体的正面宣传，从而淡化危机的负面影响，争取让危机变成公司发展的契机。

　　总之，危机是一种不定的状态，不是必然要发生什么事情，所以在危机面前一定要沉着冷静，寻找最佳的解决方案，让危机变成企业发展的良机。

○ 关于危机的三段论、四段论

　　由于新闻媒体具有猎奇性，再加上危机的突发性和严重危害性，所以不管企业危机什么类型，都是媒体报道的最佳"新闻素材"与报道线索。在信息化时代的今天，企业危机更是社会舆论关注的"热点"和"焦点"，有时一件原本不起眼的事情因被媒体关注，也会成为一件牵动整个社会各界公众"神经"的公众危机。要想缩小危机产生的不良影响，就要对危机的产生与发展有个全面了解。根据不同的标准，危机被分为三段论和四段论。

　　三段论认为，危机可分为危机前、危机中、危机后。第一个阶段是危机前。俗话说"预则立不预则废"，危机前主要是做好防范工作，即管理者要有危机意识，在危机没有发生之前，要把导致危机发生的一切因素消灭在萌芽状态，这样就为避免危机的发生提供了前提条件。第二个阶段是危机中。此阶段主要是危机爆发后，不能回避隐瞒，更不能任其发展，要全方位了解危机发生的原因，以及危机可能带来的灾难性影响，进而找到解决危机的办法并及时采取措施，控制危机的发展，避免危机带来灾难性后果。第三个阶段是危机后的复原与学习。危机过后，重要的不是追查危机造成的严重损失，而是分析此次危机带来的教训与启示，从而为企业的发展提供新的动力。

危机三段论的划分是以时间为节点，分为前中后。有的人则从状态入手，把危机分为四段：酝酿期、爆发期、扩散蔓延期、减弱消失期。

1. 危机酝酿期

危机酝酿期又名危机的潜伏期，也叫危机的孕育时期。这个阶段是处理危机最容易的时期，但是却最不易为人所知。前面已经说过，危机总是掩藏在表象之后，即有时候表面上看起来企业风平浪静，但事实上却隐藏着不稳定的因素，所以这个阶段的特征主要表现为：危机有些预兆和端倪，但是一般人难以察觉。此时管理者如果能够及时察觉这些不稳定因素，就可以用很小的代价将这些因素消除。

由于危机总是掩藏在表象之后，不容易被人发现，所以它的酝酿不是一朝一夕的事情，而是一个长期的过程。由危机因素的存在到危机的爆发是一个量变到质变的过程，量变的过程是漫长的，但是超过一定的度之后，质变瞬间发生。所以在实践中，危机的爆发也是瞬间的事情，比如，南京冠生园月饼事件中，冠生园把陈旧馅料重新利用，做成新的月饼，本来就是一件欺诈顾客的事情，是一件很危险的事情，但是公司不仅没有意识到这一点，反而打击报复对此事有意见的员工，更为严重的是无端恐吓一些调查此事的记者。如果冠生园能够及时接受员工的建议，放弃重新利用陈馅的做法，如果记者调查此事的时候冠生园能够积极配合改正错误，那么也许冠生园月饼危机就不会爆发。正是冠生园凭借其原先的信誉对诱发危机的因素不闻不问，任其发展——从传播的角度来讲，此时危机传播信息源已经形成——最终导致了冠生园危机的大爆发。

2. 危机爆发期

指的是危机的产生时期，即潜伏的危机因素经过一段时间的孕育爆发出来。这个阶段的特征主要表现为危机急速发展，而且呈现出严峻的态势。究竟事情向哪个方向发展，取决于决策者的态度和能力。

冠生园危机爆发后，冠生园的决策者们不仅没有实事求是地承认问题的存在，反而一口否认其产品质量问题，同时又自作聪明地企图将事件焦点转移到同行和消费者身上，最终导致公司的破产。公司老总起初诬陷同行都在使用陈馅，对消费者更是一副不屑的态度，不但没有做出任何解释和道歉，反而说陈馅月饼的做法并不违反有关规定，蔑视消费者称"生产日期对老百姓来说只是看看而已"。冠生园的态度，不仅惹恼了同行，更惹恼了消费者，降低了冠生园这个知名品牌的标准。从传播的角度来讲，这是危机信息传播的原始起源，信息传播正式开始。

3. 危机扩散、蔓延期

这段时间是危机不断被传播、扩散的时间，加上现代媒体的作用，危机的影响呈爆炸式增长。

一般情况下，这是危机发展过程中最长的一个阶段，其主要特征是：危机事态正在发展，虽然事情的本来面目不一定被大家所知晓，但是现象则在传播中不断复制，在公众中不断蔓延。

在人们消费月饼的黄金期，冠生园事件被媒体报道后引起一场轩然大波，消费者纷纷指责，经销商纷纷要求退货。从传播的角度来说，此时的信息内容非常复杂，可以说是真伪互存；信息传播渠道也呈多样化，有从现场的报道，也有从相关组织、人物以及其他媒体处转载的。这些因素因为事态的进一步发展，都有可能成为信息传播源。另外，人们的好奇心急需要满足，原因又在进一步的调查中，有大量的信息"真空"，逐步通过各种渠道来填补。对管理者来说，此阶段是纠正危机突发期造成的损害，尽力使危机变成企业发展机遇的主要阶段。

4. 危机的减弱、消失期

通过事态的发展、处理，以及原因的调查，事情逐渐有了结果，危机在逐步解决，由于没有更多的信息可以传播，于是公众、媒介的关注逐渐减弱、消失，危机对大家的影响也在逐步减弱，直至消失。从传播的角度来讲，信息"真空"已经被填补，受众的关注兴趣下降和消失，媒体就会转移注意力到下一个"热点"或者"焦点"。此时，对于企业管理者来说，如果危机的灾难性影响无法避免，就要考虑最坏的结果；如果危机处理得当，成为企业发展的机遇，那么也要保持高度警惕，防止以前的危机死灰复燃。

总之，危机不是无端产生，产生之后的影响也不会在一天之内消除，它有一个产生、发展和消亡的客观过程。危机产生的影响也不在于危机本身，而在于管理者对待危机的态度和能力。

○ 谈判能为扭转危机做些什么

虽然企业危机产生的原因不同，但是无外乎以下两个方面原因：一是企业内部经营不善导致，即企业自身在运营过程中产生的危机。二是企业外部导致，即外部环境的变化引起的危机。外部一些客观的、不可抗拒等事件产生的企业危机，由于其具有极大的不确定因素，企业很难掌握和控制，但是企业内部的一些因素则可以通过企业管理有效避免。通过谈判来解决问题，就是一种企业自身的积极举措。

1. 危机前的谈判动因

任何谈判都有一定的原因，谈判的各方都希望有一个让自己满意的结果。所以，只要谈判做好了足够的准备，不仅有对方的丰富材料，而且自己有高超的谈判技巧，通过谈判扭转危机就是一件很简单的事情了。一般情况下，谈判有以下3点动因：

（1）追求自己的利益最大化

利益是一个企业发展的决定性因素。追求利益是每一个企业生存和发展的保障。无论什么条件下，利益都是一个企业的落脚点和出发点。谈判是企业追求利益最大化的最有效的方式，竞争往往是两败俱伤，而且只有利益才有可能达到共赢的结果，所以有关各方追求并维护自身利益需要是谈判的首要动因。

（2）谋求最大程度的合作

谈判的直接目的是促使各方合作成功，获取最大利益。因为只有谈判成功，各方之间才有可能开展扎实有效的合作，自己才有可能利用他方的优势，实现自己的目的。这种社会依赖关系的存在，为谈判成功提供了可能性，也是谈判的又一重要动因。

（3）寻求双方共识

对于一个国家来说，共同的利益是国与国之间合作的基础，双方要和平共处、亲密合作就要通过谈判达成共识。人与人之间的合作、企业与企业之间的合作同样符合这一个道理，只有双方找到了共同之处、达成共识，才有可能实现互利合作。所以寻求共识同样是谈判的动因之一。

　　鲁僖公三十年九月，郑国遭到了晋、秦的联合进攻，处境非常危险。大臣佚之狐向郑伯推荐了烛之武，说："如今郑国处于危险之中，假如让烛之武去见秦伯，危险一定会解除。"郑伯接受了佚之狐的建议。但是没有想到遭到了烛之武的拒绝。他说："我年轻的时候，办事情尚且不如别人；现在老了，更没有什么本事了。不行，我做不了大事了！"郑文公道歉说："对不起，我以前没有重用您，是我的过错。现在郑国处于危急之中，如果真的被秦、晋两国灭亡了，对您也不利啊！"烛之武考虑了一下就答应了这件事。

　　当天晚上烛之武见到了秦伯。对于烛之武的到来，开始秦国并没有放在心上。烛之武说："如果秦、晋两国围攻郑国，郑国肯定会灭亡。但是大王想过没有，灭掉郑国对您有好处吗？您把郑国灭掉了，您的邻国会让您把郑国作为东部边界吗？所以您灭掉了郑国，不仅对秦国没有好处，反而会为秦国增加一个强大的邻国，您为什么要增加邻国的力量而削弱自己的力量呢？如果您把郑国当作东方道路上接待过客的主人，为秦国出使的人供给他们缺少的东西，对您也没有什么害处。您曾经帮助过晋惠公，他答应给您焦、瑕两座城池，可是他回去之后就加紧在这里修筑防御工事，难道您忘了吗？晋国，是不会满足的。您现在这样做等于是削弱秦国，增强晋国力量。希望您考虑这件事！"

烛之武一番话让秦伯心悦诚服，就与郑国签订了盟约撤军，并且派遣杞子、逢孙、杨孙帮助守卫郑国。

郑国即将爆发的一场亡国危机，被烛之武一张嘴就轻松化解了。这就是谈判的魅力！烛之武巧妙地利用矛盾，并且找到与秦国的共同利益，终于说服了秦伯，从而解除了郑国的危机。行军打仗讲究攻心为上，军事谈判也是攻心的一种，有时候它的作用胜过千军万马！解除企业危机同样可以采用谈判的策略。

2. 扭转危机之外的收获

谈判不仅能为企业扭转危机，而且还能为企业带来意想不到的收获。

（1）谈判有利于企业实现经济目的

谈判的目的是使本公司利益最大化。如果谈判成功，对于各方来说都是有利的，所以谈判是企业实现经济目的的重要手段，而竞争往往会两败俱伤。

（2）谈判能帮助企业获取重要市场信息

对于有能力的谈判人员来说，通过谈判，不仅能了解对方的实力和信息，而且还能通过对方的谈判资料获取重要的市场信息。有经验的谈判人员不会放过对方的任何一点谈判内容。

（3）谈判有助于企业开拓市场

一个企业的实力一方面在于市场上产品的竞争力，另一方面是谈判桌上的软实力。要想开拓更广泛的市场空间，就需要依靠谈判这无形的力量。如果谈判成功，就可以为企业获取更大的市场份额。

第二章

谈判前的数据收集是制胜法宝

麦肯锡重视以事实为依据、重视数据收集分析和知识管理，在谈判这件事上，也是同样的流程，第一步就是知己知彼。只有做到知己知彼、知头知尾和通晓过渡，即充分了解自己和对手的状况，同时对谈判的开局和收尾均在预料和控制中，才能算是做好了谈判的准备工作。本章解读的便是收集有关谈判和解决危机的数据的方法和注意事项。

1. 真正的谈判开始于谈判之前

谈判桌就像战场一样，充满了各种不确定因素，如果你想在复杂的局势中抢占先机，甚至先发制人，就必须做好充足的准备工作。麦肯锡理论也告诉我们："一个典型的谈判，其结果是什么，至少有50%早在你和谈判人员见面之前就已经决定了。"

胜利总是发生在有准备的人身上

美国总统肯尼迪是公认的世界上最优秀的谈判专家。有一次，肯尼迪匆忙地赶去维也纳，与时任苏联部长会议主席赫鲁晓夫进行政治谈判。

在谈判开始之前，肯尼迪就通过各种渠道获取了赫鲁晓夫的所有公开声明以及演说资料，另外对于赫鲁晓夫的个人经历、业余爱好，甚至是喜欢吃的食物、喜欢听的音乐等都进行了详细了解。不仅如此，他还针对这些资料进行深入研究，对赫鲁晓夫的思维特征及心理状态有了全面的了解。

因此，在与赫鲁晓夫见面之前，肯尼迪只要一说起这个人，就能够像对待多年的老朋友那样，把赫鲁晓夫的所有特点说出来。

甚至在谈判过程中，他也能够猜出赫鲁晓夫下一句话要说什么。

虽然那次谈判的结果没有公之于众，但是近现代的观察家分析认为，在后来发生的古巴导弹危机中，肯尼迪能够不顾各方压力，做出那样强硬的姿态，不仅仅是由于他对赫鲁晓夫的性格已经了如指掌，还因为那次谈判中赫鲁晓夫早已对肯尼迪产生了畏惧之心。

可见，在谈判之前做好万全的准备是一件多么重要的事情。正如古希腊哲学家第欧根尼所说："从哲学中，我至少学会了要做好准备去迎接各种命运。"罗曼·罗兰也说过："人们常觉得准备的阶段是在浪费时间，只有当真正的机会来临，而自己没有能力把握的时候，才能觉悟到自己平时没有准备才是浪费了时间。"充分而细致的准备工作，和谈判过程中的战术与战略技巧同样重要。只有做了充分的准备，才能够在谈判过程中如鱼得水、灵活应变，将各方的利益冲突降到最低。相反，如果没有做充分的准备，而是在谈判时仓促上阵，最后的谈判结果只会不尽如人意。所以，谈判人员必须明白一个道理：真正的谈判开始于谈判之前，做好准备才能万无一失。

做准备工作是没有截止日期的

很多缺乏经验的谈判人员总是不做任何准备就开始谈判，他们给出的理由多是时间上比较匆忙，由于受到期限上的压迫才匆忙进行谈判。比如一位年轻的业务员突然被老板叫到了办公室，他们需要讨论一位新客户的问题；或者一位中年大叔忽然被车行的广告吸引，马上决定要购买一辆新车；又或者你急需购买一台冰箱，于是走进了家电零售商的连锁店……在如此匆忙的情况下，想要做充分而细致的准备工作，几乎是不可能的事情。

谈判人员如果倾向于将谈判认定为突发事件或者对谈判的重视度不高，就会生出"现在才做准备工作已经晚了，就兵来将挡水来土掩吧"心态，这会导致因准备工作不足而谈判失败的情况。究其深层原因，是他们对准备材料的使用具有太大的功利心，很少会做到未雨绸缪，所以一般只会在急需的情况下才临时抱佛脚，努力去准备一些谈判所需的材料。其实，在谈判过程中的时间重要性是远超于我们的想象，例如很多谈判在行将结束之时往往还具有很大的弹性。这也就是说，直到达成最终协议之前，你为谈判所做的准备工作是不能停止的，因为这件事没有明确的截止日期。你在读到这本书的时候，没准仍然处于"准备阶段"，因为很多谈判都没有真正开始。

准备工作应从哪几方面着手

由于谈判涉及的层面很广，准备工作也很复杂，所以"做好准备"绝不是简单的事情。那么我们应该如何做好谈判前的准备呢？麦肯锡认为，谈判前至少要做好以下准备：

（1）了解自己及谈判对象，不打无准备的仗

有谈判经验的人都知道，谈判过程中己方或双方最常用的策略就是隐藏自己的需求及目的。如果自己的信息被对方知道了，就等于变成了对方刀俎上的鱼肉。一个买马的人通常不会让马贩子知道他看上了哪一匹马，如果马

贩子知道了，他肯定会借机提高价码。所以，你能够预先知道对方的一些情况，那么在谈判上已经取得了优势。但是，想要从一个经验丰富、老谋深算的谈判专家那里获得这些信息，当然是难于上青天的，那么应该如何进行突破呢？当然就是做好谈判前的准备。

在谈判开始前，谈判人员必须对自身的情况做出全面的分析，再设法全面地了解谈判对手的情况，包括对手的实力、性格、爱好等等，做到胸有成竹，让对方的形象鲜明而具体起来。准备足够充分、细致，谈判人员才能够更多地了解对方、抓住对方的弱点，让谈判进行得更加顺利。

（2）拟订谈判目标，明确谈判的最终目的

这也是准备工作中的重要环节。你必须明白谈判桌上的3种利益：一是必需的，也就是非要不可的利益；二是需要的，可要可不要的利益；三是给予的，也就是拿来交换的利益。在谈判前应该问自己，真正要的是什么，在3种利益中做出选择，并且排好顺序，做到有的放矢。

（3）制订相应的谈判策略

每一次谈判有其特点，所以不同的谈判需要不同的策略和相应的战术。在谈判之前，谈判人员可以先制订出相应的谈判策略，然后根据双方的现实情况调整并确定谈判策略。

（4）要学会预留退路

我们不能保证谈判一定会成功，所以要学会给自己预留退路，做好替代方案，同时也要尽量看清楚对方的退路，这样才知道自己握有多少筹码。

2. 事实，你最好的咨询团队

谈判也是以事实为基础的。尊重事实就是以现实为基础，拒绝虚假信息，如实反映现实问题。这也是"事实胜于雄辩"的道理。

偏听偏信要不得

对于谈判而言，真消息无疑是有效的，而假消息则可能是致命的。面对真消息，我们只要依据一定的策略去想办法解决即可，而假消息却很有可能让我们付出沉重的代价。历史上楚汉相争时，汉王刘邦就专门安排了一帮人对西楚霸王项羽的阵营散布各种假消息，借以扰乱楚军的军心，打乱项羽的计划。所以说，在谈判中及时对消息的真假做出判断，尽量避免各种假消息的传播和祸乱，是十分有必要的。无论什么情况下，为避免受到伤害，对于小道消息，都要及时进行处理。

当年日本的福岛核电站发生泄漏事件，于是在市场上就出现了因为海水受到核辐射，所以食盐价格将会大幅提高和食盐能够防辐射的各种传言，导致全国不少地区出现加碘盐的抢购风潮，一度出现食盐供应紧张的情况。这次食盐抢购风波最早开始于江浙地区，并逐渐向全国范围内蔓延。

家住城南的华先生在晚上去超市采购时，无意中发现很多人在排队买盐，感到十分好奇，便上前去询问。结果有的人说看到这么多人排队买盐，感到可能是这里的盐比较便宜，所以才来排队的；也有的人说日本的核辐射将会对中国造成巨大影响，所以才多买些盐，来防辐射的……总之，什么乱七八糟的理由都有。有个老太太竟然出人意料地一次性买了15包，要知道当时大多数人不过买了5包而已。

这场闹剧一直到全国大小超市食盐脱销，供不应求，中国盐业总公司出来辟谣，并承诺完全有能力保障国内食盐供应才逐渐消退。

由此可见，小道消息的传播造成的影响是多么恶劣。如果基于这种不实信息而盲目进行谈判，那么结果肯定会不尽如人意，甚至惨败而归。尊重事实材料，让谈判人员拥有了最强有力的武器，这样的谈判才是就事论事、一切从实际出发。

别把过去的经验当成一通百通的真理

哪怕再优秀的谈判人员，在思考问题的时候也会受到以往经验或者固定的、模式化的思维影响，从而在谈判中出现问题，有时候甚至会走入思维定式，导致谈判失败。

在早期的西方世界，人们认为天鹅都是白色的，一直没有人怀疑过，并且将它当成一种事实。直到17世纪生物学家发现了黑天鹅品种，才颠覆了人们过去的经验，让匪夷所思的事情变成了理所当然。这样的事情在生活中也经常发生。比如，一只每天都渴望有人喂食的鸡，如果每天都能得到喂食，那么这只鸡就会坚信人类都是仁慈的。在这只鸡的一生中，从来没曾出现征兆，让它预知有朝一日会遭到宰杀。可见，很多你以为最正确、最合理的东西，其实只是被你自己的经验欺骗了。

在现实生活中，溺水的人多是善游者，而出车祸的也有老司机，之所以会出现这样的情况，都是由于人们太相信经验了。虽然经验十分重要，可是到了某些时刻，经验的价值也会被重新归零，比如在炒股过程中，有的经验在某一时段无比珍贵，而过了这一时段可能就会令人落入陷阱。有时经验带来的东西可能只是一叶障目，影响你的判断力而已。

而且，如果你太过相信经验或理论性的东西，就会发现一个问题：经验或理论也具有相对性，有的理论是利己的，而有的理论却是利他的，就算是同一个人也会在不同的时间、地点及对象面前说不同的话，同一句话也会有不同的理解。在谈判过程中，一旦理论表述得不够完全或者不够严谨，很容易出现漏洞，从而让对方有机可乘。

所以，谈判人员不要总是凭借经验来拍脑袋拿主意、推测未来，有的经验只会让你故步自封、夜郎自大，只会令你落得被经验带入歧途的下场。如果总是依赖过去的经验，恐怕只会让自己的思维僵化，让谈判陷入僵局。麦肯锡理论指出，谈判人员最好不要被自己的经验左右。在经验面前，谈判人员必须小心虚假、错觉或幻觉带来的负面影响，因为它们只会让你更加不知所措。正如伟大的哲学家罗素所说："我们应该时不时地质疑自己以为理所当然的事情！"

无论在何种类型的谈判中，事实都是你最好的咨询团队。尊重事实的谈判人员不会被过多的经验所束缚，因为他们知道经验有时候也不完全可靠。对事实了解越多，处理问题就会越得心应手；对事实了解越少，思维就会越混乱，就越容易出现问题。

道理虽然都很简单，可仍然被绝大多数人忽略。其实，一个人对于现实的观念就像地图一样，有了这张地图，我们才有了谈判的方向。如果一个人的地图是准确无误的，他就能够确定自己的位置，知道在谈判中应该如何说、如何做；如果地图出现了漏洞，他就会迷失方向，在谈判中会问题不断，甚至出现重大失误。事实上，通往事实的道路是蜿蜒曲折的，因为每个人出生时都没有一张"自带地图"。为了让每一次谈判都更加顺利，我们就需要随时绘制自己的地图——付出的努力越大，对事实的认识就越清楚，地图的准确性也越高。

选择与使用事实材料

那么，谈判人员应该如何远离人云亦云、抛弃自身的经验法则，让事实更具有说服力呢？谈判人员在引用事实材料时，也必须注意一些原则，只有在自身所持立场与引用事实相符合的情况下，才能够让事实胜于雄辩。换句话说，也不是什么样的材料都能够随便拿来使用，更不可能完全奏效，这里还有一个选择与使用事实材料的问题。

（1）给事实材料一个准确的定位

无论怎样的谈判，对于事实材料的需求是不同的，为此谈判人员必须给事实材料一个准确的定位。在谈判过程中，谁引用的事实材料越多、质量越高，就越容易说明问题的利弊，从而取得谈判的胜利。

（2）事实材料应该具有真实可靠性

谈判人员选取的事实材料必须是真实存在的，要对事实材料进行反复、认真地核对，千万不能够道听途说、人云亦云，更不能胡编乱造。如果对方的事实材料对自己不利，在尊重的前提下也可以认真地研究，建立有效的自我防线。

（3）事实材料的时空性原则

首先，任何事实材料都有它的发生、发展及变化的具体背景，这种背景能够反映事实材料的时空特性。如果没有这些背景而只是单纯地谈论事实，便是一件毫无价值甚至适得其反的事情。另外，事实材料在什么时间、什么地点使用也很讲究，比如过去的事实无法说明现在的问题，在国内使用的材料也不一定适用于国外。

3. 在收集原始数据上花点时间

在信息化时代，人类无论做什么事情，都必须了解、掌握大量的信息，商务谈判也是如此。事实上，很多谈判人员的失败都是初期基础整理工作的不到位而导致的。由于谈判过程中对于信息的利用率很高，如果我们没有掌握较多的信息以及与之相关联的数据，同时又建立在对对方的不了解基础上，那么我们的谈判只能走向失败。比如，当对方抛出比我方更为强硬的观点时，我方就需要使用大量的事实和论据来证明我们的论点。如果对方强于我们，而我们的客观证据和资料再不充实的话，就有可能在整个谈判的过程中一直被对方压着气势，最后导致谈判的失利。

原始数据的重大意义

传播学上有一个概念："掌握足够多的信息，能够消除人的不确定感，从而让谈判更加顺利。"所以在谈判正式开始前，谈判人员想要了解对方意图、制订谈判计划、确定谈判策略等，都离不开信息的搜集。尤其是在进行长期谈判时，收集大量的客观证据和资料是很有必要的。如果谈判人员能够在收集原始数据上下点功夫，必然能够让谈判更有底气。很多成功的商业谈判，也仅仅只是正确利用庞大数据库资源的一个样本。

著名的沃尔玛连锁企业曾向浙江永康规模较大的几家电动滑板车企业下单采购电动滑板车，其采购数量高达上百万辆，一共10多个品种。不过，沃尔玛对这些企业提出了一个十分严苛的要求，那就是必须提供滑板车上每一个零部件的详细报价供他们进行选择。

当时，永康的电动滑板车行业还没有进入稳定发展期，如此大的单子成了各企业努力争夺的香饽饽。为了获得竞争的胜利，好几家企业都提出了"保本也要做"的商业战略，在提供报价时都尽量压低了自己的成本价，甚至采取了"大众化产品保本价甚至亏本价，个性化产品赢利价"的营销方案，将利润降到了最低点。

可是在商业谈判过程中，沃尔玛方面却突然改变了采购方案，将几家企业的大单进行分解，只采购那些保本价格或者亏本价格的产品。在如此大的成本压力之下，"深茂"第一个选择了放弃。事后，"深茂"负责人感慨地说："在与沃尔玛谈判过程中，我们始终处于被动状态，因为沃尔玛对于我们产品的每一个零部件成本都了如指掌，从而拥有了主动权。"

为什么沃尔玛能够在商业谈判中占据主动地位呢？有的企业家认为那是中国企业的恶性竞争所致，可真正的原因却是沃尔玛拥有庞大的数据库支持，其主动权也建立在对原始数据的有效分析之上。所以，在谈判中有了原始数据的支持，也就拥有了谈判的主动权。

收集原始数据的原则

信息可以分成两种类型：一是原始信息，也就是谈判人员能够直接获取的某些知识、概念、经验、数据等；二是加工信息，即对原始信息进行过分析、加工、改编或重组后形成的具有新形式、新含义的信息。做过投资的人都知道根据业内行情（原始信息）做出预测，等消息（加工信息）正式发布时就立刻抛售手中持有的股票，要是等到所有人都知道这个消息的时候再去抛售就为时已晚了。所以，这里我们主要讲原始信息，即原始数据对于谈判的重要性，它也是形成事实的最重要部分，包括文档、报表等一手资料，而不是经过转述、加工之后的二手资料。

有的时候，如果谈判人员没有亲眼所见、亲耳听闻、亲身经历，就永远无法理解第一线究竟发生了什么事。因为很多看上去紧密联动的事物，一到现场就出现了彼此分离的情况，而平时乍看下并无关系的事物又变得紧密联动起来。这些情况都是在第一线搜集原始数据时才能发觉的，而在间接的简报、论文等二手信息中却是无法发觉的死角。

为了保证原始数据收集的质量，谈判人员必须遵行以下原则：

（1）原始数据必须具有准确性

无论你通过什么途径获取的原始数据，都要求真实可靠。这也是原始数据收集的最基本要求。为了达到这个要求，谈判人员应该对于获取的原始信息进行反复核实，不断检验，努力把误差减至最低。

（2）原始数据必须具有时效性

谈判本身就是讲究时效性的，所以原始数据收集也必须具有时效性。只有及时迅速地提供原始数据，并且将原始数据利用起来，才能显示出数据的价值。谈判尤其讲究"事前"的数据，而不是"马后炮"的数据。

（3）原始数据必须具有全面性

收集到的原始数据必须广泛、完整，而不是片面的。只有全面广泛的原始数据，才能完整地反映出谈判的整体面貌，为谈判成功提供保障。

去哪里搜集原始数据

想要获得没有经过任何人处理过滤的原始数据，必须搜集有方，找到正确的渠道：

（1）销售数据的收集

前往销售的第一线，比如直接与顾客交流，甚至和顾客一起行动。

（2）制造生产数据的收集

前往生产线及调度的第一线，与生产现场人员进行交流，并且在条件允许的情况下一起动手进行某项作业。

（3）商品研发数据的收集

前往使用商品的第一线，和使用商品的顾客进行交流，从顾客口中获取第一手信息，比如为什么使用该商品，它与其他商品的区别，在不同的场合应该如何使用，等等。

（4）研究数据的收集

与研究者进行当面交流或者前往研究室进行现场调研。

（5）相关资料的收集

针对未经加工的第一手原始数据，观察变化类型或特征进行理解。

在收集原始数据的过程中，必须采取最正确的方法，千万不能像对待犯人一样去审问对方，而应该采取谦虚友好的态度，最好能够将其当成一件微不足道的事情，哪怕在闲谈中也会有一些信息会源源不断而来。谈判人员需要做的，仅仅是分析和选择而已。

4. 访谈，获得一手资料的必需途径

在麦肯锡的所有项目中，都有获取一手资料的必需途径——访谈，而且在很多项目中还需要进行多次访谈。无论个人还是团队，在谈判开始前总需要获取一些重要信息，访谈便是麦肯锡咨询顾问填补知识上的空白、获得更多知识和经验的最佳方法。

虽然谈判人员通过阅读书籍、报刊文章和学术论文能够获得很多知识，可是要了解一个公司的实际情况，就必须前往公司的最基层，从第一线员工那里寻求答案。麦肯锡将访谈当成一种特殊的"技能"，在解决问题的流程中占据着十分重要的位置。无论你是资历最浅的初级经理，还是资深的高级总裁，都会有急需他人信息和智慧的时刻。那么，谈判人员应该如何进行正确的访谈呢？

做好准备：制作一份访谈提纲

做访谈之前，你必须做好万全的准备。你可能只有半小时的时间去采访一位你再也不会遇见的被访者，所以必须想好自己要问哪些问题。你可以写一份访谈提纲。我想没有多少人愿意消耗自己的时间接受采访的，而写好提纲能够节省双方的时间，并且获得更加准确详细的信息。

在制作访谈提纲时，有两个层面的问题需要思考：一是你必须清楚地知道所问的问题是什么，并且按一定顺序将它们记录下来。二是你必须明白在访谈中自己真正需要的是什么，你想要达到怎样的目的，为什么需要采访某个人。如果能够清楚自己的访谈目的，就能够将问题排好序，并且正确地表述。

根据麦肯锡理论，一次访谈通常要从一般性问题开始，然后再提出具体问题。当然，也不要马上扎进敏感领域，比如直接问对方"你的工作职责是什么？"，或者"你会在这家公司待多久？"，可以先从一些平和的问题开始，比如行业概况等，然后再循序渐进地进行提问。在确定访谈问题时，你也可以加入一些你知道答案的问题，这样可以让你对受访者的诚实度及知识有一定的了解，而且很多你以为知道答案的问题，其实会有许多不同的答案。

在把访谈提纲写好后，从头到尾再看一遍，然后问自己："在这一次访谈中，我最想知道的3件事情是什么？"这3件事情是你见到受访者就想知道的，在离开的时候也应该找到答案的问题。

访谈过程中应该注意引导和倾听

麦肯锡咨询顾问在访谈技术方面很有见解，其中访问者最需要做的事情就是"让对方知道你一直在倾听"。如果你很有诚意地请教某人，很有礼貌地提问，很有耐心地等待回答，一般人都会很乐意回答的，特别是当他知道你对他讲述的事情特别感兴趣的时候。你可以在谈话间隙使用一些口语，比如"是的""我明白了"，甚至是"嗯"，这样能够让受访者知道你在听他说话，也能够给对方一个喘息和组织思想的机会。

另外，访问者还可以通过肢体语言来表达自己的兴趣，比如在受访者说话时，让自己的身体微微倾斜，受访者每讲完一句话，都点头表示理解，并且做好某些记录等等。就算对方一直喋喋不休，也要拿出笔和纸来做好几条记录，这样可以让对方知道，你一直在倾听，并没有因为他的喋喋不休而注意力涣散。

但是为了让访谈的内容不出现偏离主题的情况，访问者也可以在必要时打断受访者。当对方跑题时，你可以微笑着打断他的话，或者寻找他说话的间隙，引导他重新回到主题上去。

访谈成功的六大策略

每一次访谈都要讲究策略，如果你想在有限的时间里达到目的，可以尝试以下6种策略：

（1）可以请受访者的上司安排见面

这次访谈的重要性从受访者上司的口中说出来，能够让受访者更加认真地对待这次访谈，尤其当他知道自己的上司希望自己接受访谈时，更不可能搪塞或误导你了。

（2）两人一组进行访谈

一个人的访谈确实很难，因为你必须独自做好采访和记录，这样很容易忙于记录而提问出错，或者忙于提问而记录出错，而且很容易忽略受访者的一些非语言线索。这时候最好能够有两人一组进行访谈，可以在访谈时轮流提问和做记录。

（3）有条理地复述

由于你无法保证受访者能够清晰有条理地表达自己的想法，所以在遇到说话无厘头、东拉西扯、严重跑题的受访者时，要学会有条理地复述他们的话。当他们听了你的复述之后，能够告诉你复述是否正确，而且也给了受访者补充信息和强调重点的机会。

（4）要学会旁敲侧击法

如果受访者在某些问题上感到自己被威胁了，访问者就不要继续深入地去问一些更加刁钻的问题，而应该在几个重要的问题上绕几个圈子，旁敲侧击地获得自己想要的信息。

（5）不要问得太多了

访谈过程也要有所收敛，不要追问受访者知道的每一件事情，因为你的目的只是获取一些重要的信息。要知道，压死骆驼的是最后一根稻草，所以要学会适可而止，因为对于一般人来说，接受访问并不是一件愉快的事情。

（6）抓住时机追加提问

在访谈结束之后，受访人通常会变得很松懈，对于访问者的防备之心也会相应减弱，这时候再向他提出某些问题，可能会让你得到自己正在寻找的信息。在问完问题时，或者访谈时间剩余不多时，再问受访者是否还有什么想告诉你的，有时候也会有意外的收获。

访谈结束后要写感谢信

小时候长辈就教导我们，在收到礼物或者接受他人的帮助之后，要感谢他人。当你访谈完毕，回到自己的办公室时，可以先花一点时间来写一封感谢信。这样的做法显得有礼貌，也能显示出你的专业素养，还有可能产生一些意想不到的收获。

麦肯锡顾问经常会说起下面这样一个故事：

有一位年轻的顾问，要去采访一家地处美国中部地区的农产品公司的高级销售主管，当他打电话告诉客户自己来自麦肯锡，需要做一个小时左右的访谈之后，受到了对方的热情欢迎。那位高级销售主管说："那你快来吧！"

年轻的顾问便长途跋涉去了那家农产品公司，销售主管兴高采烈地将一封麦肯锡寄来的信给他看了。这封信是15年前另一位麦肯锡顾问寄来的，信里感谢这位主管接受了自己的采访。这一封信与主管的学位证书一起被挂在办公室墙壁上最显眼的位置。

有时一点点礼貌就能够建立长期而稳定的交往。正是因为有了这封感谢信，所以主管才会对第二次采访如此期待。

5. 你需要的是金子，不是沙子

谈判需要信息的支持，而丰富的信息也会给谈判人员带来麻烦。如果说收集原始数据信息已经让人手忙脚乱了，那么对于各种数据和资料的处理更会让人不知所措。

有一家大型的游戏公司因其开发的一款热销游戏出现漏洞而产生了纠纷，遭遇了前所未有的退货风潮。此事件还被媒体夸大报道，导致该游戏公司的股价直接下跌了近30%。如果你正好看到这则消息，会产生什么样的想法，又会采取怎样的行动呢？事实上，大多数游戏玩家看到这则消息后，会直接打电话到游戏客服中心去证实消息。

游戏玩家说："听说这游戏玩到中途会卡住不动了，我应该怎么办才好呢？"

客服人员说："真的很抱歉，现在我们公司正在制作没有漏洞的修正版，请您耐心等待一段时间。"

"是吗？我想请问一下，你们客服中心一共有几个人在处理这些事务啊？"

"大概10个人。"

"这么少啊。有多少玩家发现了游戏存在漏洞呢？"

"事实上，这款游戏出现漏洞的可能性是很小的。另外，我们目前还没有收到有关漏洞的投诉。"

"原来是这样啊……"

通过这次对话我们可以知道，其实那款游戏出现漏洞的可能性很小，而那10位客服人员完全可以处理相关问题的投诉。其实，类似这样的报道在媒体上十分常见，比如什么"品牌倒塌"的标题，都大肆宣传"这家游戏公司已经走到尽头"的消息，这与事实存在严重的差距。

在信息化时代，各种报刊、电视、互联网等媒介会将各种信息传送到世界各地。随着信息量的不断增大，人们对于信息的认识与利用能力也不断增强。可是社会的发展是迅猛的，各种信息以"大爆炸"的方式不断涌现，这也大大超出了人们的想象。其实，不同的信息也具有不同的质量，而海量信息泥沙俱下，真正有价值的信息也被各种垃圾信息所淹没。谈判人员在面对这些庞杂的信息时，就会感到茫然无措、疲于应对。不难想象，如果我们对于信息的判断能力没有随着信息的增长而提升，那么肯定会迷失在信息的洪流中，无法获得谈判的成功。

所以，如何从庞大的信息群中筛选出真正有助于谈判成功的"金子"，抛开那些无关痛痒的"沙子"，成了谈判人员首要的任务。谈判人员应该辩证地看待信息，要对信息进行必要的筛选，这也是利用信息以及正确决策的前提。一般有价值的信息和众所周知的信息不同，像标明"真实情况是这样的"这种信息，就需要我们多加留意，并且努力搜集了。

在谈判之前，谈判人员都需要获取大量的信息，甚至还需要一定的牺牲。可是如果获取的信息是虚假的，而谈判人员又没有辨别信息真伪的能力，那么就会遭受更大的损失。就像计算机通过计算得出正确的答案，谈判人员也需要通过判断来对获取的信息进行鉴别，去伪存真、去粗存精。如果网络及媒体上的信息都不能够轻易相信，那么到底怎样的信息才能被称为有价值的"金子"，而不是"沙子"呢？具体应该如何鉴别与验证信息的真伪呢？

从信息的来源上进行判断

不管什么信息都会有它的来源，谈判人员要做的就是查看信息的来源，判断信息是否权威和正确，信息中所涉及的事物是否客观真实，对所有"值得怀疑的信息"追根溯源，必要的时候还可以进行实地考察。

从信息的时效性上进行判断

如果信息的来源可靠，并且具有一定的价值，那么就要考虑它的时效性了。信息的时效性很重要，也时常被人们所忽略。对于谈判人员来说，不同的信息也具有不同的时效性，只有那些有益于当前谈判或者能够在未来产生效应的信息，才是真正值得利用的信息。

从信息的价值取向上进行判断

只有那些与谈判息息相关的信息，才是真正有价值的信息。由于每个人的社会角色不同，知识文化背景不同，生活经历也不同，这也使得信息的价值取向呈现出多样性。要辨别信息的价值，就要看它对于我们的谈判是否具有价值。

无论从哪方面来判断信息，我们都要掌握一个原则：所选取的信息必须作用于我们的谈判，为我们提供真实有效的理论依据，为谈判的胜利打好基础。

6. 发掘对手需求的 SCQA 分析

很多的谈判人员会因为准备工作的不到位，出现目标不明确、方法不恰当的错误，从而导致谈判过程中出现拘泥于谈判过程中的细枝末节而不能自拔的现象。由此可见，"有备而来"是谈判成功的首要原则之一。我们知道，优秀的谈判专家都是一流的沟通者，而沟通最重要的就是发掘对手的需求。

抓住对方需求，为谈判进行正确决策

一般情况下，谈判的准备阶段包括：信息收集、信息分级和计划制订3个方面的内容。在很多的谈判教材中，谈判准备阶段的内容指的是谈判内容的收集、谈判人员信息资料的收集、对自己和对方兴趣爱好的分析以及谈判如何展开计划的制订。

该从哪一方面开始，收集多少资料才能够准确地拿捏对对方的谈判最终目的呢？该如何为对方的偏好进行评定分级？谈判计划应该做到什么程度，针对什么阶段？是统揽全局呢，还是针对谈判开始阶段，或是可能的谈判僵持阶段进行计划？……这些细节的问题，谈判教材却并没有认真交代，以致阅读者内心深处形成一个"资料准备得越完善，收益也就越大越多"的模糊概念。但事实是否真的是这样呢？我们该如何去判断自己是否真的已经做好准备了呢？这时候，发掘对手需求就显得很重要了。它可以帮助我们缜密地分析和研究谈判准备的过程，判断出谈判的准备过程是否充实而有效，是欠缺待补，还是做得太大太多了。

当年，克林顿与老布什一同竞选美国总统，在现场辩论赛中有一位女士问两人："你们会为贫苦的人做些什么？"

老布什在政坛混得风生水起，可是并没有什么社会基层经验，所以回避了这位女士的问题。而当时并没有什么胜算的克林顿走到女士身边，握着她的手说："我非常能够理解你的感觉，因为我自己也出生于贫苦家庭。我能够感受到你的痛苦……"

因为这一番话，克林顿得到了大批民众的支持，并且最终在总统竞选中获胜。

FBI谈判专家威廉·霍尔顿说："优秀的谈判人员最擅长做的事情，就是读懂对方的心理，以相应的语言模式迎合对方的需求，让对方走进自己所设的世界而不自知。"这似乎是一件不可思议的事情。不过我们不能否认，谈判里有两个不同的世界，一个是现实世界，一个是内心世界，我们只有满足了对方的需求，才能让自己的需求得到满足。

在跨越文化和区域的谈判过程中，资料的收集工作的局限性很大，往往并不是想收集就能收集得了的。这时候，如何对不完全乃至不确定的信息进行理性分析就显得很重要了。这时候，我们应该广泛收集的是对方在可行度、种族、类型和性格等方面的资料。通过分析，我们得出对方在利益、价值、洞察力和所能接受的问题解决方式等方面的结论，然后通过换位思考的方式，来帮助谈判人员对对方兴趣爱好和最大利益着眼点进行探究。

谈判准备虽然不能直接影响谈判的过程和决策，同时随着谈判的深入开展，许多准备工作中的东西也可能被放弃，但我们却可以通过对对方人员和目的的推理和分析来提高认知，尽可能扩大我们准备工作的作用，最大限度地回收准备阶段的投入，强化谈判过程和决策的灵活性。

另外，站在谈判对手的角度上来对自己的切身利益进行分析，可以更好地摸清自己的偏好，避免谈判过程和决策中偏见的出现，从而使自己的谈判技巧和目标具有更大的灵活性和创造性，而这些恰恰是谈判走向共赢所必需的东西。

麦肯锡的 SCQA 分析，从谈话中倾听对方心声

如何做好上述这几点呢？麦肯锡的SCQA分析能够帮助你深度剖析谈判对象，为之后的谈判做好准备。SCQA分析是一项层次性、结构化的思考及沟通技术。它可以帮助谈判人员更好地发掘对手的需求，也可以直接运用到工作及谈判过程中。

很多人都不知道什么是SCQA分析，其实它是"金字塔原理"的一个子结构，其作用也不容小觑。我们可以先来分解一下这4个字母，看看它们分别代表了什么。

S：situation（情景），从大家熟悉了解的事物或情景引入。

C：complication（冲突），在以上的事物或情景中存在哪些矛盾冲突，这些冲突最好由后面的"answer"来解决。

Q：question（疑问），从上面的矛盾冲突中引出问题，应该如何解决？

A：answer（回答），我的解决方案是这样的……

一家公司研发了一个新项目，在设计讲解词的环节中，公司主管召集所有研发人员展开了热烈的讨论，希望能够想出生动有吸引力的讲解词。

首先发言的是项目负责人，他说："我昨晚睡觉前思考很久，早晨起床的时候便做了记录，在公议开始前整理好，现在我读一下自己设计的讲解词：目前，我公司与出租车公司合作推出××××××出租车电召热线，也就是我公司的'安捷通'。这对于广大市民来说是一个极大的便利。我们公司所展现的就是××××××总台的调度系统，通过这个系统……"

负责人说完后，所有人都愣了一下，不知道说什么好。这时，主管说："这样的讲解词结构会不会显得太平面化了？你看这样调整一下，是不是会好很多？"

主管运用"SCQA模型法"，将负责人的讲解词重新表达了一遍：

"我想大家肯定有过这样的经历吧？在一个十分偏僻的地方等了很久都等不到一辆出租车，好不容易来了一辆还要和别人争抢，感觉很不方便。如果有女伴在身边，男士也许会觉得特别没面子！下次如果再遇到这样的情况怎么办呢？您只需要拨打××××××，全市的出租车都由您来指挥……"

听完主管的讲解词，所有员工都交口称赞，掌声四起。

这便是一个典型的由SCQA架构分析设计出来的讲解词。在谈判过程中，我们也能够运用SCQA与谈判人员交流，找到他们的需求点，借此来展开有利于我方的谈判。

比如，可以找一个比较合适的机会或场合与谈判人员在谈判之前事先会面，用彼此都比较熟悉的事物或场景导入可能在谈判中提及的话题，这便是situation（情景）；然后在聊天过程中引入一些不同的见解，或者开门见山地说出自己的想法，通过保留性的叙述来抛砖引玉地让对方多说一些他们平常不会主动说的话题，或是与我方意愿违背但我方不知晓的内容，由此引入complication（冲突）；再向对方的谈判人员提出疑问，也就是双方都关注的待解决问题，指出谈判中存在的question（疑问），商量如何去解决；最后，可以从谈判人员那里找到他们认为的问题的answer（回答）。这个回答必然是具有明确的意愿和强烈的指向性的，也就是他们通过对这个问题的解决想要获得的利益、采取的做法。

谈判时难免会遇到问题，而习惯性思维会让我们寻找问题的答案。通过 SCQA 结构分析，我们能够通过普通的交流就对谈判人员的背景进行深入分析，找到核心冲突，并且通过有力量的问题聚集去寻找最佳的解决方案。如果你是一个精明的谈判人员，一定不要忘记多多练习自己的SCQA结构分析能力。

第三章

未来图景其实已显露在谈判之前

凡事预则立，不预则废。麦肯锡在进行谈判之前，会为了能够达到自己的既定目标，而进行充分的准备。充分而扎实的准备工作，是麦肯锡式谈判走向成功的必由之路。除了针对谈判本身进行的数据收集和整理之外，我方内部的头脑风暴也是必不可少的。制订谈判方案、明确谈判目的，都是头脑风暴时应该讨论的。

7. 头脑风暴，不是谁都能参加的

在进行谈判之前，谈判人员应该首先通过头脑风暴的形式来集思广益地对所有可能遇到的问题进行综合分析和解决，从而避免因个人思维的局限性而对谈判造成重大影响。

部分管理者常常会将参与头脑风暴队伍看作是对员工的一种激励措施，而部分员工也会将参与头脑风暴当作是小假期来对待，并试图通过它来开阔自己的眼界。哪怕是在公司内部组织的头脑风暴，也常常会被认为是一种额外的荣誉。也有的企业员工会将在公司的资历看作是能够参与头脑风暴的一种权利。但现实中，一个环境下的成功者却未必能够在另外的一个环境中具有同样出色的表现。这也就是说，头脑风暴虽好，但也不是单纯性地随便来个人都可以畅所欲言，必须对参与者进行合理的筛选，以确保他们的参与真的有益于谈判事务的规划和开展。

在进行头脑风暴的参与者筛选时，以下内容是需要注意的：

头脑风暴的规模

在组织头脑风暴时，要注意组织规模要尽可能小一些。主要原因在于，当头脑风暴的团队因为需要必须到外地时，会涉及为数众多的费用和困难等问题。哪怕是很小的团队，在航空、陆上交通、餐饮住宿、通讯、会议中心等方面的费用综合起来也并不是一个小数目，同时还有可能涉及诸如护照、签证或预防注射及可能发生的医疗护理等事项。如果参与头脑风暴的规模较大时，费用可能就会达到一个天文数字了。一个规模紧凑的头脑风暴团队，更便于在国内或海外进行组织部署。

召开头脑风暴的目的在于，通过集思广益的方法来归纳出一致的态度。当头脑风暴的规模较大时，虽然在战略问题上也能达成一致意见，但当遇到外界情况发生变化时，会很难做出及时调整。而组织较小规模的头脑风暴，则有利于对谈判计划进行及时调整，并使消息得到及时传播。

较大规模的头脑风暴队伍，很容易被对手采用不正当手段进行分裂，而瓦解较小的队伍则要相对困难得多。

参与头脑风暴的成员大都还身负其他无关谈判的工作任务，所以为避免扰乱公司的核心工作，头脑风暴的成员应该越少越好。要知道，在部分人来寻找新的发展机遇的同时，公司老的业务也是需要有人来进行处理的。

同时注重参与者的专业和综合能力

参加头脑风暴的每一位成员都是组织者所必须依赖的，同时任何一位头脑风暴的参与成员都不会具有获得头脑风暴成功所必需的全部才智。组织头脑风暴的目的在于利用一个人的优势来弥补另外一个人的劣势。头脑风暴要求员工具备专业的技能知识，这就像拼图一样，只有每块拼板都找到适合自己的位置时，才能够获得拼图的成功。

在专业知识突出的基础之上，应该尽可能地选取那些博学多才的员工，除非是对头脑风暴的结果具有决定性作用的专家，否则那些技能单一且成就不突出的员工应该予以避免。当出于某种原因而不得不选择这种专家参与时，应努力使他们的能力展现在更为广泛的战略和战术活动中。否则，就应该与这类专家进行私下沟通，而不是将他们拉入头脑风暴团队中。

参与者要有良好的交流沟通技巧

要将千差万别的各种类型专业知识讲授给善于交流的人是一件相对容易的事情，而反过来则相对要困难得多。挑选成员进行头脑风暴的关键性标准在于，成员能够有效地执行公司制定的各项战略，同时还能根据不同的战术做出最为合适的反应。要实施公司的战略，就要掌握良好的交流沟通技巧，尤其是在头脑风暴中关于谈判整体轮廓的讨论时。

专门适宜，专人负责

谈判过程中需要每天都做出各种决策，但并不是每项决策都是至关重要的。在头脑风暴的组织过程中，部分公司的领导可能会在其中出现一些类似"大人物"的错误：对于诸如复印、记录、安排工作餐等繁重而琐碎却又必需的工作，缺乏必要的安排。

所以在头脑风暴的成员中安排一位低职位的部门管理或行政管理专员来专门主抓后勤的事务，是很有必要的。当出于某种原因而不能在头脑风暴组织的成员中安排具有这方面经验的管理人员时，也要安排专门的人员负责相应的各项事宜。

头脑风暴的黑名单

需要注意的是，在组织头脑风暴的过程中要绝对避免具有下列性格的人进入其中，以免对头脑风暴的结果造成不利影响。

（1）爱抱怨的人

爱抱怨的人，哪怕是在很好的条件下也会发出抱怨的声音。一般情况下，爱抱怨的人能够提出问题，却不能找出解决问题的方法。这类人虽然广泛存在于各个公司中，却绝对应该避免被组织到头脑风暴中。

（2）冥顽固执的人

在头脑风暴中，团结一致是很重要的。那些自以为是、冥顽不灵的人会破坏整个队伍的团结。他们虽然可能是精明的战略人才，在头脑风暴的策划过程中可能会起到积极的作用，但在头脑风暴组织执行过程中起不到积极的促进作用。因为执着于自己偏见的他们，不会对头脑风暴这种集思广益的方式持认可的态度。

（3）娇生惯养的人

娇生惯养的人大都能够在理想条件下有出色的表现，但是当出现不利情况时，他们会在第一时间产生挫败感。选择这类人参与头脑风暴无疑是错误的，因为谁也不能保证在整个头脑风暴的过程中，大家都是一个声音说话的，因为那样的话，也就失去了组织头脑风暴的意义了。

（4）意志力单薄的人

在头脑风暴中，意志力薄弱的人会因为无法很快适应新环境，而带给大家意料之外的负担，不利于整个谈判战略的部署和实施。所以头脑风暴的组织者应该选择意志力坚强的人，同样，成员也应该选用意志力强大的人。

强化入选人的资格和安抚落选人的情绪

为避免给落选头脑风暴的员工造成附带的不良后果，在选取参与头脑风暴的成员时，应该将才能定为第一选拔条件，并予以明示。将头脑风暴成员在文化、技术、社交、语言等方面的技巧能力，以清单形式整理好，并发送给所有初步入选头脑风暴的成员。通过这种方式来为入选头脑风暴的成员进行理由充分的辩护。这样的方式同样适用于将自己默认为是头脑风暴必然成员的企业高管和部门管理者。同时为照顾落选者的面子，可安排他们参与其他的辅助类工作。

8. 学会借鉴过来人的宝贵经验

在谈判场上，花费很大的价钱，只买来一个经验教训的例子举不胜举。因为随地一口痰，而吐掉一桩基本谈成的生意的例子更是不在少数。当我们能够从别人的经历中汲取失败的经验教训，并做到在制订谈判计划时就可以防患于未然时，便能够在谈判场上一显身手，走向成功。

"现代人事管理之父"、人本管理的先驱罗伯特·欧文曾经说过："一切的真知与灼见都是来源于实践经验的。"学会借鉴别人通过实践而得出的成功经验,对于我们顺利地制订谈判计划、开展谈判是很有帮助的。

历史上不乏借鉴别人的经验而使自己走向成功的例子。著名的美国总统富兰克林·罗斯福就曾经在20世纪30年代的美国经济危机当中,借用计划经济等手段来对国家经济进行宏观调控,从而使美国成功度过那场经济危机。

值得利用的谈判经验从哪里来

在谈判过程中成功借鉴别人经验而使自己走向成功的例子也有很多,国外有一些很值得提倡的做法。他们会通过举办各种培训班、研究班,对业务知识和技能进行研究,对各种案例进行分析。对谈判人员进行入门培训时,除参照谈判人员的素质能力进行安排外,还对其进行其他培训,如国内外公司的各种类型及传统做法、国内外涉及商业谈判的法律法规及各类谈判的基本技巧。谈判培训的目的在于,让入门的谈判人员能够进行基础知识学习,并能够结合专业知识。通过培训,使得谈判人员能够以谈判老手的资格进入各种谈判中,并能够迅速地进入角色之中。

在经验积累方面做得比较突出的是日本人。东芝株式会社可以对他们的谈判人员进行长达3年的培训。第1年的培训大都集中在国内。为了让他们能够熟悉工作的每个环节,通常会将他们安排到企业的各个部门进行工作。第2年则会安排在国外。让他们在办理日常业务的同时进行研习。第3年时,他们会调回国内进行研究和总结。就这样,在3年的时间内,培养出多功能的称职的谈判人员。

在美国，每年仅仅用于选择谈判人员的花费就达数百万美元之多，而对他们进行培训的花费则更会达到惊人的数十亿美元。世界许多国家和地区都有商务谈判中心和培训基地的设置，专门用于对谈判人员进行经验传授。

如果你是一个缺乏实践经验的谈判人员，同时也是一个急于求成的谈判人员，那么你就应该多多汲取那些谈判专家的经验，将累积的各类知识灵活地运用到谈判实践中，并发挥出自己的潜能，如此才能在谈判的实践中使自己得到丰富经验、自身的价值得到实现。若是你所在的公司并没有专门的培训课程，那么可以向经历过谈判的同事、上司、前辈多多请教一下，同时阅读一些与谈判有关的书籍，尤其是那些有着丰富实战案例的书。借鉴这些过来人的宝贵经验，你也可以迅速成长。

经验也需要经过实践的检验

单单学习经验往往只会把自己的能力局限在纸上，若是不去亲口谈、亲耳听，那么你始终还是一个谈判的门外汉，还是没有什么发言权的。正式的谈判过程才是进行经验积累的主要渠道。每一个谈判场上的高手，都是从最初的谈判实践开始的。每位谈判专家都需要历经坎坷和挫折，一帆风顺的情态不可能造就谈判桌上灵活自如的老手。在实践过程中，累积的各种知识打下了谈判的良好基础，并创造了谈判走向成功的条件。对于谈判人员而言，每一个实践性的谈判，都是一个锻炼的好机会，都是检验经验的好机会，都是积累经验的好机会。

而且每一个谈判专家都不可能是不会犯错误的完人，他们的经验也并不

是放之四海而皆准，所以作为谈判新手能够做到不畏手畏脚地放开束缚去参
与谈判实践，检验这些经验的实用性和正确性是很重要的。能够从别人和自
己的经验教训中得到对自己有用的东西，从而不断地对自我进行完善的谈判
人员才能够坐在谈判桌前挥洒自如。

9. 未来的各种可能性都值得探讨

在谈判开始之前，首先应该对有可能影响谈判的各种因素进行综合调查
研究，以确定其可行性，尽量排除其中可能性不大的方案，而选择可能性
最大的方案进行翔实的调查研究，并对可能的成败得失进行预测，从而对谈
判方案的选择打下坚实的基础。在谈判准备过程中，对各种可能性的探讨主
要是：对双方信息和资料的研究，比较和探讨谈判方案；分析谈判价值的构
成，对谈判过程中可能遇到的各种主客观情况进行预测和讨论，并做出相应
结论。

在整个谈判的过程中，谈判者之间总是存在着各式各样的不同分歧。在
准备阶段，对可能存在的分歧进行探讨，制订出解决问题的各种方案，并进
行相互比较，以期从中获取到己方最大的利益，同时还能取得对方的认可。
同时还需对对方可能提出的方案进行预测和讨论，估测对己方利益的影响，
并制订出相应的方案。

在谈判准备阶段，对未来可能性的探讨，主要是对双方谈判价值的构成

进行探讨，研究各自谈判价值的起点、临界点、转折点以及能够争取的各点，通过探讨得出双方谈判的协议区及协议区幅度，并对利益进行分析，得出是否有必要进行谈判，从而避免进行盲目的谈判。

在进行可能性预测时，要结合各种已知情况，对谈判的未来走势进行讨论。预测越接近现实，谈判过程中的吻合性就越大，讨论所做出的预案也就越真实有效。在谈判准备阶段对谈判各种可能性的讨论，是建立在对所有的可变因素进行周密分析基础之上的。只有对各种可变性因素做出合理假设，并进行科学推理，才能够得出有效推动谈判进行的讨论方案。这是谈判成功与否的关键所在。当我们完成了对双方信息和各种资料的搜集、整理和分析讨论后，才能制订出影响谈判价值取向的合理方案，从而进入谈判准备阶段的综合分析步骤。在谈判准备阶段的综合分析中，要对谈判方案进行总体研究和调整，最后得出有效结论。但有效结论并不是最终结论，还需要在谈判的实际操作过程中去修正、补充。

谈判准备阶段之于未来可能的谈判，其关键在于对谈判双方的分析。

对谈判对手情况的分析

英国著名哲学家弗朗西斯·培根曾在他的《谈判论》一书中指出，只有在谈判准备阶段，对你未来的谈判对手进行具体、深入的了解，做出充分而准确的估量，才能够真正掌握谈判的主动权。只有在谈判准备阶段充分了解对方相关情况的基础上，才能够顺藤摸瓜地去探得对方的需求，从而掌握谈判过程的主动权，使谈判真正成为能够同时满足双方利益的媒介。在谈判准阶段，对谈判对手情况的调查、了解主要包括：

（1）谈判对手的综合实力

综合实力包括对方公司的发展历史、社会影响力、资本积累过程及现阶段的投资状况，也包括主打产品的质量、产量和技术装备的水平等。

（2）谈判对手的需求及进行谈判的诚意

充分了解对方与我方进行谈判的真实意图，达成意向的真诚度、迫切度，了解对方的选择余地。简单地说，就是尽最大可能去了解对方在需求、信誉、能力及作风等方面的信息。

（3）对方谈判团队组成人员的状况

对方团队是由哪些人组成的，每个成员的身份地位、职务、性格爱好，是否具有谈判经验。尤其是谈判首席代表，还包括其能力和权限，之前谈判的经历，对本次谈判的态度和意见倾向等等。另外由于谈判的性质和要求有所不同，对对方资料的搜集也不妨更为深入细致和具有针对性。如对方团队组成人员是否具有各不相同的想法和打算，彼此间是否存在矛盾，哪个人是可以为我方所用的争取对象，对方关于谈判是否有幕后操控等等。

对己方情况的具体分析

在谈判准备阶段，就谈判内容进行针对性的自我分析，是一个相当正确的做法。通过对照目标进行的针对性自我分析，可以做到藏拙露巧，将有助于谈判获得一个令人满意的结果。

对己方可能取得的谈判结果进行分析时，其标准为：在技术上具有可行性，在经济上具有合理性，同时结果能够为自己带来效益。如为引进技术和设备而进行的谈判,当选择得当时,就能够取得良好的经济效益,为企业的发展带来好处;而当选择不当时,则会造成资金的浪费,导致直接或间接的损失。

为避免谈判过程中出现的主观性、盲目性和片面性,在谈判的准备阶段,应该投入必要的资金和时间,集中精力进行技术和经济上的可行性、合理性分析。

10. 再坏的预期也应该理智接纳

在日常生活中,尤其是学习和工作中,我们通常认为"当我们建立较高的目标时,就能够促使我们取得较好的成绩"。谈判也是这样吗?

曾经有两个教授做过这样一个试验。他们将一块挡板架设在了谈判的双方之间,从而导致谈判的双方既看不到对方的表情,也听不见对方的声音。他们在桌子的下方给对方发送自己的要价和出价。

教授给予双方基本相同的指示,但是交代给其中一个人的期望价格是7.5元,而交代给另一个人的期望价格则是2.5元。试验的设计没有向任何一方偏袒,即双方得到的机会是均等的,他们都可以获得5元的机会。但是无论怎样反复试验,期望得到7.5元的一方得到的价格相当接近7.5元，而期望得到2.5元的一方则得到了接近2.5元的价格。

在这个试验中，具有较高期望值的人得到了较好的结果，而具有较低期望值的人则对于较差的结果有满足感。

我们可以用生活中目标制订和修正的方法来指导谈判目标的制订和修正。这是一种无意识的做法。在日常生活中，我们交什么样的朋友，也是对我们自己身份的一种阐释。我们根据生活目标的不断设定而得到的反馈，来对自己的谈判目标进行修正。

作为预期行动目标的代表的个人愿望，它反映的是我们为自己设定目标的标准。它并不是作为一种希望存在，而是一种需要去努力奋斗才能实现的坚定意志，这其中涉及的是我们自我信任。当追求失败时，可能会导致信心的丧失，从而使得在制订目标时更加具有实际操作性。

在现实中，愿望、冒险和成功是并生的。当我们选定目标后，就会像赌徒一般，通过认真权衡，获得各种或是无形或是有形的报偿，以及失败的概率和可能要付出的代价。在谈判中，当我们不能够进行明确计算时，往往会以之前的类似情况作为依据来对成功和失败的概率进行推断，从而得出一个相对好的目标。

在谈判中，愿望是伴随着成败次数的多少而有所浮动的。愿望还是人们以自己的能力为原则与别人进行谈判的标准，目标的制订，就像放置在赌博轮盘中的那一大捆钞票。目标的制订与我们所愿意承担的风险具有相对一致性。谈判中的目标制订和生活中的目标制订是一样的，都是历经成败后再进行修订的。

真实的谈判就像一个闭路反馈系统，由买卖双方各自制订的目标，通过相互之间的反馈，在经历需求、让步、威胁、拖延、期限限定、权利限制甚至黑白脸的评解，来影响双方的期望值，而"成交价格"也就伴随着每个字眼和进展在浮动。

在谈判过程中，一般认为，那些制订目标较高且能够专心致力于其中的人，比那些热衷于低价成交的人得到更好的结果。但需要注意的是，当人们制订较高的期望值时，也就意味着谈判陷入僵局的可能性较大。交易的达成需要具有良好的判断，虽然具有一定的风险性，但也应该为了得到尽可能高的期望目标而努力。

我们的日常生活中本身就是充满了交涉和谈判的，既然是谈判，那就不可能是一帆风顺的。谈判的结果既会有成功，也会有失败，因为失败而感到伤感且情绪失落，是完全没有必要的。

在激烈的谈判过程中，因为谈判而受到人身攻击的情况也是很多的。就如同那些素养较高的职业律师一般，能够及时地忘却过去谈判中那些挫折和令人讨厌的事情，调整好自己的情绪节奏，以积极的态度去面对未来是很有必要的。

11. 最好的谈判结果是共赢

想要很好地说明这个议题，你必须明确以下认知：

如果没有具体利益的刺激，谈判活动就会被扼杀在摇篮之中；

如果没有不同的利益取向，谈判桌上的针锋相对和你来我往当然也就不会存在了；

如果谈判各方的利益不能得到最有效的协调，陷入僵局的谈判是根本无法实现谈判的目的的。

由此可见，所有的冲突都是围绕利益出现的，所有的合作也是基于利益之实现的，只有将自身利益和对方利益拿出来一起说，才有全面分析问题本身的可能性，才有谈判各方相互妥协和让步的可能。换句话说，研究和追求共同利益的做法能够为谈判的成功创造各种可能性。

2004年12月8日上午，"中国电脑第一品牌吃下IBM这个'PC产业缔造者'的传统业务"的消息迅速传遍世界各地。联想集团宣布以12.5亿美元收购IBM个人电脑事业部，收购的业务为IBM全球的台式电脑和笔记本电脑的全部业务，包括研发、制造、采购。

　　这场并购谈判长达13个月。但这对于联想来说，依然是值得的：通过对IBM全球个人电脑业务的并购，联想一跃成为世界上第三大PC制造商，成为我国率先进入世界500强行列的高科技制造企业。借助IBM的品牌以及全球营销渠道，联想可以大举开拓海外市场，拥有遍及全球160个国家和地区的庞大分销系统和销售网络。

　　IBM的最初计划是以30亿～40亿美元出售PC业务，但最后谈判中，价格敲定为17.5亿美元，看似其利益受到了损失，但是这并不影响IBM在其他方面收获颇丰：比如，IBM在新联想中谋取了18.9%的股权，成为仅次于联想控股的第二大股东；IBM当时的副总裁兼个人系统部总经理史蒂芬·沃德登上了新联想CEO的宝座；由原来的经营软件以及大容量磁盘领域，顺利转向利润更为丰厚的PC游戏操纵杆的微处理器的制造；通过联想这个平台，为自己的中国战略搭建了一个结实的桥梁。

IBM公司放弃多年创下的自身品牌，出让PC，这其中必有玄机，到底是什么原因驱使的呢？有关专家认为，IBM品牌的定位已经不能适应世界PC市场需求的改变是其遇到的最直接危机。面对危机，IBM没有死死硬撑，也没有自我放弃，而是采取了"牺牲规模换取利润"的策略，通过选择一个已成熟的品牌分担建立第二品牌来化解危机、减轻负担。虽然谈判过程旷日持久，但借由共同利益的现实性，最终肯定会获得如此共赢的结果。如果IBM一直舍不得自己这块心头肉，非要用30亿～40亿美元才肯出售，无疑是一种欠缺长远考虑的不理智行为。

追求双赢本质上是双方之间合理的利益互补

而今的商业社会，正处于日益强调经济协作的状态中，无论是何种企业，都在不懈地寻找一种长期、稳定的双赢合作关系。因为双方的目标有时候是非常步调一致的，那就是减少费用与风险，让自己能从对方处获益，谋求自身最大利益。这就离不开商务谈判的帮助了。

然而谋求自身的最大利益并不等同于要去减少对方所能获得的利益，谈判的双方之间在很多时候都不是利益矛盾化的关系，利益此消彼长的情况并不会出现在所有谈判桌之上。无数的事例证明，只有双方都能从与对方的合作中得到某种利益，也就是实现利益互补，谈判活动才可能进一步展开，并获得喜人的结果。

因此，谈判人员在谈判之前，无论多么想维护自身利益、尽快脱离困局，都必须告诫自己这一点：在为自身谋求最大利益的同时必须要兼顾对方的利益。千万不能犯了思想狭隘、眼光短浅的老错误，否则只会令危机程度越发严重、陷入难以挽回的颓势，等到了最后关头才想起来"给对方点甜头"，恐怕也是回天乏力了。

在进行谈判之前的头脑风暴时，一定要充分讨论出共同利益点

在商务谈判中，双方的共同利益往往是潜在的、不那么确定的，所以想要使其逐渐明朗化，最终实现利益互补，往往只有随着谈判的逐步深入才能达成。为了减少不必要的时间浪费，在进行谈判之前的头脑风暴时，必须就

此问题进行探讨。

这是因为部门职能的不同，即便是某个部门的精英，也可能在面对企业整体利益之时出现思想空白区域，比如销售部门考虑的是收入多少带来的利益得失，采购部门考虑的是预算多少带来的利益得失，金融部门考虑的是股票涨跌带来的利益得失，公关部门考虑的是企业形象提升或下降带来的利益得失。他们在把目光放在与自身利益有关的问题上时，难免会狭隘地看待谈判时的诉求和底线。由于受到个人化的干扰，企业利益与对方利益的互补就会变得复杂、艰难，令谈判或持续数月毫无进展，或言语不合不欢而散。

所以，不管来自哪个部门，每个人都应该拿出与自己精通领域有关的分析报告，整合一下内容，总结出此次谈判的结果：会给自身带来什么利益，给对方带来什么利益；哪些利益是自身急需的，哪些利益是对方不能让步的；哪些利益是非常显而易见、无需重申的，哪些利益是需要挖掘出呈现在对方眼前的；我们因着妥协而失去的利益会换来的其他利益有什么，我们死抓不放的利益会导致我们失去哪些利益……

如此加以讨论之后，不仅会使可能获得的小利益变成大利益、潜在利益变成既定利益，也会令人更加胸有成竹地参与谈判，当你可以在谈判桌上围绕着对方可能会获得的诸多利益侃侃而谈之时，或许成功就已经在向你挥手了。

12. 一切都应在计划之内

制订周密而详细的谈判计划，将有助于谈判成功。一份细致周密的谈判计划，能够保证参与谈判的每个成员各负其责，很好地协调彼此间的工作，从而促使谈判有计划、有步骤地进行，这是保障谈判取得最后成功的基础。所以在谈判计划的制订上，要认真对待，切实负责，做到周密严谨、具体而明确。

在制订谈判计划的时候应该具体考虑如下几个方面的要求：

为便于谈判人员的掌握和执行，谈判计划尽可能简明扼要，从而增加谈判人员照章办事的可能性。

为避免造成理解上的分歧，谈判计划的制订要求明确而严谨，以避免造成意外损失。

为使谈判人员能够根据实际情况的不同而机动灵活地处理面临的各种新问题，谈判计划的制订要具有相当的灵活性，以便己方获得最为理想的谈判结果。

在谈判计划中应该包含以下的内容：

谈判地点的选择

不同谈判地点的安排，对谈判有着各不相同的作用，将会对谈判的结果造成直接影响。谈判地点分本方所在地、对方所在地和第三方所在地3种。

（1）本方所在地

能够在自己的地盘上进行谈判，是每个谈判人员的愿望，这就像在主场举行的足球比赛一般，其成绩与客场的将会有很大的差距。谈判在本方所在地举行时，既方便又有各种天然优势，熟悉的环境使得谈判人员能够获得更多的安全感，能够更加从容地应对谈判中可能遇到的各种问题。而以客人身份出现的谈判对手，无疑将会在部分问题的把握上有所顾忌，而不会过分争执。在本方所在地举行谈判时，方便我方随时调动相关部门职员参与到谈判中去，以专业人士来解决专业问题，有利于我方谈判优势的提升。同时还能够根据自己的实际情况执行更为有利的谈判计划和进程。

（2）对方所在地

在对方地盘上举行的谈判虽然具有一定的劣势，但也同样具有相应的优势。首先，没有作为地主的心理负担，在谈判不能取得满意结果时，可以随时在对方的主场压力下对谈判提出终止意见。同时，谈判人员可以不受外界环境的滋扰，全身心地投入到谈判当中。

（3）第三方所在地

当谈判的双方具有相当的实力或是彼此间存在敌意时，大都会选择在中立的第三方所在地进行谈判。这时候谈判的双方都没有明显的优劣势，可以在不受外界干扰的情况下，心平气和地讨论问题，有利于彼此间误解、误会的消除。

关于谈判地点的具体安排和灵活运用将在后面的章节详细阐述。

谈判时间的选择

谈判时间的选择也是谈判策略的一种。科学安排谈判时间可以促进谈判走向成功。

每个人都有各自的生理周期和生活习惯。在正常的生理周期中工作的人对事情能做出冷静而客观的处理，而生理周期和生活习惯被改变的一方将无法正常工作。所以谈判时间的选择是以谈判人员的自身适应度为依据的，毕竟时间带给人体的生物节奏周期和生物钟是各不相同。在选择谈判时间时，应尽力避免没有进行充分准备的时间，如身心处于低潮时、身体有不适感时或是用餐时。

针对谈判中的变化迅捷做出反应

谈判是由诸多的不确定性因素共同组成的。在谈判过程中由于某种原因而迫使谈判双方对原有的谈判计划做出改变是很正常的情况，这时候需要及时调整。所以在谈判前应考虑到这种情况并制订相应的预案。在谈判过程中每个谈判成员都要保持平和的心态，在面对谈判过程中的困难和变化能够冷静处理、沉着应对。

谈判计划的相关内容

在谈判计划中，首先要明确的是谈判目的，即谈判双方为什么要坐下来进行谈判。促使双方能够坐下来进行谈判的因素，对双方而言是各不相同的。这时候了解谈判对手的谈判出发点和利益追求就显得很重要了。谈判目的的确定，同样也是对谈判对手的摸底调查。在谈判计划中要详细列举并分析需要解决的问题——谈判双方获得谈判成功的条件及双方为合作而达成一致意见的可能性。

在谈判过程中，谈判双方会根据原则性的协议来促进某一具体目标的达成，对已经达成一致的协议草案进行批准，对谈判计划的要点和预设进行检查和完善。在正常情况下，一次谈判的目的具有唯一性，而谈判计划则是围绕这唯一目的而进行的谈判活动的中心。

明确谈判程序的计划安排，对谈判过程中的注意事项进行明确规划。

对谈判进度进行确认。谈判计划中的进度安排是对谈判时间的预设，在实际谈判过程中，应根据需要来进行灵活调整。

第四章

创造谈判机会，简单中暗藏玄机

谈判就像一场约会，未见面之前的交流也非常重要。谈判前的沟通交流，能够挖掘出其中暗藏的玄机，创造更有利的机会。本章重点介绍在谈判之前与对方交流沟通的几个方法和窍门，只要灵活运用，将会对谈判过程和谈判结果产生积极影响。

13. 不谋而合的谈判动机其实并不多

知己知彼，百战不殆。这是一种兵法。其实，更是一种谋略。谈判犹如一场没有硝烟的战争，有输家也有赢家，当然也会有相互合作的双赢家。互利、共利的理想谈判结果，代表了双方有着不谋而合的谈判动机，最终出现双赢的局面。"谋求一致""皆大欢喜""以战取胜"是英国谈判专家比尔·斯科特一贯坚持的谈判"三方针"。比尔·斯科特的谈判"三方针"让谈判出现双方最满意的结果，需要双方有不谋而合的谈判动机。

任何谈判都有共同利益的潜在可能，它或许能一眼看出来，或许需要在谈判前通过提前交流的方式花费大量的精力去挖掘。谈判前，双方都会有同样的思考：我们之间到底存在着什么样的共同利益？如果谈判失败，会对双方造成什么样的结果？这样的情况下，不谋而合的谈判动机就会出现。

三国时期，吴国和蜀国联合起来大败曹魏，就是著名的赤壁之战。刘备过世后，两国的关系不如从前。于是，诸葛亮打算派邓芝出使吴国，恢复两国之间的关系。

邓芝出使吴国时，双方还处于交战的状态，这无疑给谈判增加了难度。邓芝站在吴国的大殿上，面对的是滚滚的油锅和杀气腾腾的武士。邓芝却是泰然处之，从容地进入大殿。然而，他却不拜孙权。孙权非常生气，问他为何不拜。邓芝答道："我来自上国，不拜小国的君主。"

孙权勃然大怒："你休想用游说来破坏东吴和魏国的联盟，不然马上将你下油锅。"邓芝反击道："我一介布衣，怎么有能力让你们舍弃魏国，投向蜀国呢？我只是为吴国的利益而来，你们却摆出这样的阵仗，真是小人之心。"听到他是为吴国的利益而来，孙权就让武士退下，赐座给邓芝。此时，邓芝已经化被动为主动，把握住了与对方一样的谈判动机。

邓芝详细地给孙权分析了天下的形势："蜀国依傍着险峻的山川，吴国毗邻坚固的三江，如果吴、蜀两国联盟，犹如牙齿与口唇的关系，进一步来说，可以称霸天下，退一步而言，则可以呈现鼎足而立的局面。如果吴国称臣于魏国，魏王肯定会让大王您去朝觐，做太子的内侍。如果大王不服从，那么他们就会兴兵攻打吴国，灭了吴国。如果大王觉得我这番愚蠢的言论不足为信，我愿意死在大殿上。"

邓芝说完之后，就要跳进油锅，孙权赶紧阻拦，最后用上宾之礼款待了他，还让邓芝帮忙吴国与蜀国建立同盟。

其实，邓芝能在那样恶劣的环境中，冒着生命危险去谈判且成功完成任务，有勇有智不在话下，最关键的是他抓住了双方之间的谈判动机——两国的存亡大计，这才是促成出现双赢局面的关键。

吴、蜀两国存亡大计是明显的谈判动机，而对于那些潜在的动机，需要我们去挖掘。所以，谈判前的沟通交流必不可少，它不仅可以让对方提前了解到我们的意图与态度，而且还可以"探听"到对方的态度与立场。

了解对方

在谈判前期，只有清楚地洞悉对方的各方面状况，才能顺利地打探到其需要。对方的实力、需求、诚意以及主要谈判人员的状况，都需要通过联系、沟通之后方能有所了解。这样，我们才能掌握到他们的动机，在谈判中取得主动权。

使对方了解自己

双方的沟通交流，无意之中都会体现自己的立场与态度。通过诚意的沟通，对方会对我们的谈判动机略有了解。如果对方与我们的谈判动机不谋而合，都能取得相应的利益，那么，双赢的谈判何尝不是美事一件呢？

谈判动机的诱发方法

谈判之前的联系沟通，打电话、邮件以及直接登门拜访，最为合适。

打电话：打电话是最直接、方便的联系方式，开门见山，言简意赅，说出自己的意图。

邮件：最能打动人、将事情讲明白的方式。在邮件中，用具有逻辑性、故事性的言语告知对方我们的态度与目的。

直接登门拜访：成效最好、最有诚意的方式。登门拜访是礼貌的一种方式，面对面，说出谈判动机，让对方感受到我们的立场与气势。

在下面的章节中，我们将会对这3种方式进行详细的阐述。

的确，在谈判中，不谋而合的谈判动机并不多，我们一定要重视沟通联系的重要性，争取双赢的局面。

14. 没人喜欢不速之客

"不打无准备之仗"，这句话对于谈判非常适用。那些没有准备好"武器"匆匆上谈判桌的人，都会惨败而归，更不知道失败之原因。凡事预则立，不预则废，不要在谈判前去做那个不速之客，以免起到负面的作用。

"工欲善其事，必先利其器"，拿着准备好的"武器"上阵，才能大获全胜，而不是惨败而归。如果没有做好任何准备，就贸然出击，那么谈判的过程更加艰难，甚至出现"没有开始就已经结束"的惨局。这也是不速之客带来的毁灭性的后果。

迪吧诺公司是纽约一家有名的面包公司，产品打进了很多家饭店，但是，附近的一家大型饭店却不订购该公司的面包。这种局面长达4年，迪吧诺很是费解。迪吧诺几乎每周去拜访这家饭店经理一次，甚至还以客人的身份入住该店，进行一次又一次的推销谈判，但是无论运用什么方法，饭店经理都是无动于衷，毫无合作之意。

迪诺吧开始反思自己的做事方法。经过深刻的反思，他决定改变之前的谈判技巧，着手对饭店经理的兴趣爱好进行调查，不再盲目地进行拜访，而是做好充足的准备进行逐渐式的谈判。经过调查，他得知，该饭店经理热衷于协会事业，不但是美国饭店协会的会员，还是会长。他再一次拜访饭店经理，交流话题就以饭店协会为主，并且围绕协会的创立、发展等相关事宜逐渐展开。

这次的谈话很顺利，饭店经理不再把他当作不速之客，而是当作有着共同兴趣爱好的朋友，进行了愉快的交流。几天后，迪吧诺收到饭店采购部门的电话，让他立刻将面包的样品和价格表送过去。采购负责人在与迪吧诺谈判的过程中问道："你到底用了什么方法，让我们经理对你如此赏识与信任，愿意与你们公司进行长期的业务合作？"

在长达4年的时间里，迪吧诺无论怎么努力谈判，都没有成功。迪吧诺改变谈判策略后，事情就发生了180度的转变。可见，在谈判中没有做好准备的盲目的谈判方法多么不可取，因为很多人都会对以谈判为直接目的的不适宜的不速之客产生反感。

谈判中，以谁为决定者的权力结构、以什么为主题的议题结构、以什么人组成的团队结构、双方以什么立场的阵营结构以及包含哪些决定性因素的实质结构，是5个重要的组成部分。在谈判之前，我们都要清楚地了解"对方参加谈判人员有谁以及其兴趣爱好""在什么场合适宜提出谈判话题""如何不让对方产生厌恶感"等情况。

小吴所在的公司是一家小私营企业，有自己的品牌商品。近日，他们公司打算借助闻名于电商界的W公司的平台进行线上销售产品，但由于双方之间的差距比较大，给即将举行的谈判之准备工作增加了不少难度。公司委派小吴代表公司向W公司提出谈判事宜。为了让对方接纳自己的谈判意图，小吴做了充足的准备，满怀信心地去拜访对方的负责人李经理。

按照预约，小吴来到了李经理的办公室。但是不巧的是，W公司一个员工犯了数据上致命性的错误，导致W公司在一次谈判中损失惨重，李经理被董事会约谈，为此，李经理大发雷霆。即使这样，李经理依旧接见了小吴。当然，此时小吴并没有提出谈判事宜，只是将自己公司做了介绍，然后又从其他方面安慰了李经理。小吴给李经理留下了很好的印象。

在这次交谈中，小吴做得很好。小吴如果在这样的状况下依然提出谈判事宜，那绝对不会取得好结果，更会错失之后的谈判机会。

所以，我们要在合适的场合下提出谈判事宜。不要在吃饭、休息的那些时间点去打扰对方，以免对方厌烦你。非正式的、生活化的场合中，最好不要提出谈判事宜，扫兴不说，还会让形象大打折扣。在了解对方是谁之前，不要贸然在有他人的场合下提出谈判事宜，以免泄露商业机密。

15. 人脉＝机会＝胜算

谈判人员在接到谈判任务后，根据谈判的目的对交易伙伴（未来谈判对手）进行沟通联络，也就是探询。直接探询是最为普遍的一种方法，指的是要进行谈判的一方以个人或本单位的名义向可能的交易伙伴寻找友谊和合作意向。直接探询可以在老朋友之间进行，也可以在新朋友之间进行。

在这个直接探询的过程中，进程往往并不会如设想的那么顺利，你可能会无法找到对方确切的联络方式，也可能只停留在与基层人员进行无关痛痒的接触上，更可能直接吃了闭门羹。这时候就要使出作为补充手段的间接探询，这时就能看出人脉的重要性了。

"六度人脉"理论

地球上所有的人都可以通过六层以内的熟人链和任何其他人联系起来。这就是著名的"六度人脉"理论。这个理论可以这样通俗地来理解：你和任何一个陌生人的间隔不会超过6个人。所以，在你愿意的前提下，你就可以通过6个人来认识任何一个陌生人。借助这样的人脉理论，我们可以找到任何一个谈判目标以及既定谈判人员，由此，谈判成功的概率大大增加。

有时候，我们会觉得建立人脉，自己要做不喜欢的事情，接触讨厌的人群，犹如在一个聚会中找陌生人攀谈一样，却没有获得任何的好处。这种想法是大错特错的。人脉圈子是一个价值、利益共同体的集合，它涵盖了一群与你有相同价值或者共同利益追求的人，在精神层面和物质层面都相互照应。无论是精神层面还是物质层面，人脉都发挥着重要的作用，它是我们抓住任何胜算机会的敲门砖。一个人能否成功，不在于你知道什么，而在于你认识谁。由此可见，除了个人的能力与知识，我们所有的人脉所在的圈子对取得成功与获得机会有很大作用。

凯瑟思琳是加州一所小学的校长。她在公共教育领域的变革潮流中，做得游刃有余，每次都会取得不凡的成就。当朋友问她其中的原因，原来她建立的人脉关系是她成功的关键。

她说："我会定期邀请本区各校的校长参加晚餐会议，也可以称为'头头之间的唠叨'。我们会侃侃而谈，谈论各自的点子与建议，用来应对相应高层的要求，做到了资源共享。我还很看重家长会。因为家长来自不同的行业，可以对我不熟悉的领域提供指引，例如，我可以咨询在金融界任职的家长，针对学校备用基金的存放问题。另外，我还成立了由我、警察、图书馆员和秘书组成的支持小组，定期开会，讨论处理出现的一些问题。除此之外，我还和学校里不同年级的老师建立了一个互相学习的网络，每个人都可以将自己的人脉资源引起来，发挥一定的作用。长久如此下去，我的人脉圈子在不断扩大，做事情成功的机会也相应增多。"

间接探询绝不是可有可无

在谈判中，人脉就等于机会，有了机会，谈判的胜算才会更大。我们不能盲目地认为，我有各方面的能力，具备丰富的知识和经验，在谈判中会攻无不克战无不胜。如果我们有这样的想法，那么，我们绝不可能赢得任何一次的谈判。有了人脉，我们可以通过间接探询，在第三方的帮助下对可能的交易伙伴进行合作意向的探询；同时利用各种渠道去接触、认识、了解对方的谈判人员，为即将到来的谈判做好准备，抓住任何一个可能赢的机会。由此可知，间接探询是一种很好的创造谈判机会的方法，也是非常不错的收集信息的方法，它的重要性绝不可以忽视。

建立相互扶助的人脉圈

人脉=机会=胜算，是工作中恒定性的黄金规律。当然，我们也不能为了需要，甚至私欲，去刻意地建立人脉关系，那么，这会形成一个混乱污浊、毫无人情的圈子。我们的人脉圈子里是值得信赖的人，不能仅仅在意他们在我们遇到危机、进行谈判时能给自己带来多大的好处，而要在此后依旧时刻保持联系，在生活、工作中，大家都是可以相互帮助、相互扶持的。

朗·霍华德（Ron Howard）和布莱恩·格雷泽（Brian Grazer）两个人虽然都是好莱坞顶级的制片人和导演，但在他们合作之前，两人没有任何的交集。两人之后的相识、相知，可以称为"传奇"。关于两人之间的合作关系，霍华德给出了这样有深度的总结："电影是一个疯狂的行业，然而在这个行业里，你竟然能遇到这样一个真正睿智的人，于是，你便在乎他的一切，包括才能、人品等，然而最无价的是，你们还有共同的兴趣和努力。"
这才是合作的精髓。

朗·霍华德和布莱恩·格雷泽的关系，充分证明了信赖在人脉圈子中是
多么富有价值的无形财富。信赖，让他们两个有了更多的合作机会以及对
外的机会，创造电影行业中辉煌的成就。我们不要将人脉圈子想象得过于
复杂、没有信任可言。正如《纽约时报》专栏作家大卫·布鲁克斯（David
Brooks）所写："信任是一种习惯性的相互关系，慢慢地变成了一种感
情。随着两个人……慢慢发现可以依靠彼此，这种情感就在不断发展。很
快，互相信任的成员不仅会愿意与对方合作，而且愿意为对方牺牲。"如此
深度的人脉圈子，将会是多么大的一座"宝藏"。

人脉圈子就如一棵禾苗，长久放着不管，就会枯死，最后被大家所遗
忘，更别提机会了。所以，平时要维护好自己的人脉，在真正需要帮助的时
候，能出现更多的机会。

16. 电话交流时的诚意和气势

电话商谈在谈判中在所难免，有时电话交流也会带来意想不到的效果。
不管是单一的电话谈判还是谈判前进行的电话交流，都要彰显出自己的诚意
与气势，既不能显得以对方为主，也不能只是为了试探或者炫耀而打电话。

谈判，是为了双方合作，争取到各自最大的利益，不论成或不成，都要

让对方看到我们的诚意与气势。所以，在电话交流时，我们要牢记这些原则与礼仪。

电话商谈的原则

无规则不成方圆。电话商谈也有一定的原则，不然就是一通普通的、毫无意义的通话。

第一，当对方打电话过来时，我们要注意倾听，将问题听明白之后再进行回答。如果有些事情无法一时明白，那就先道歉后挂掉电话，然后寻求解决方法，最后再打给对方。

第二，打电话之前，要清楚地知道自己此次交流的目的，将想要讨论的事情列一张表出来，以免有所遗漏。

第三，要随时做好记录，以免挂掉电话后，遗忘某些重要的东西。

第四，等对方说完后，我们可以再用自己的话将谈话进行重复论述，以免产生不必要的误解，影响整个谈判的进行。

第五，如果双方交流不愉快，没有进行的必要，也要找一个合适的理由中断交流，绝对不能表现出不耐烦或者愤怒的情绪。

对于做好充分准备的人，电话交流会有很多的好处。一方面，我们可以先对对方谈判人员的态度、意向有所了解；另一方面，即使电话谈判不能圆满成功，但是也会让对方感受到我们的诚意与态度，为下次的谈判做好铺垫。

电话交流时的礼仪

电话交流也是一门课程，蕴含着深不可知的学问。但是，最基本的电话礼仪却是最应该知道的。

（1）态度要热情，感觉要愉快

交流时，说话要显得热情、充满诚意。首先我们就会给对方留下好印象，对个人乃至公司的信誉度就会增加几分。早在几年前，美国电话电报公司的接线员都变成了女性，因为女性悦耳动听的声音，会让对方产生愉悦感，不仅有耐心听下去，而且还会留下好印象。当然，不可能所有的电话交流都会是女性，也都不会有悦耳动听的声音，但是不管哪方面，交流时都要保持愉悦的心情，用清晰、有逻辑的语言进行交流。切记，不要为了给对方留下深刻的印象，而故意使用假音、发嗲的声音，这不能给对方愉悦感。

（2）电话谈生意，要诚实待客

诚实待客是谈生意中最关键的基础。如果你毫无诚意、弄虚作假，即使你公司再强大，对方也不会合作。做人忠厚，待人真诚，这是一个人重要的品质，这样才能获得别人的信赖与尊重。

在交流谈生意时，一定要实事求是，不能信口开河，否则会对公司带来损失，甚至是灾难。面对不确定的问题，一定要明确后再进行答复，不能逞一时之快，随便给对方确定性的答案。另外，电话交谈，要有强烈的时间观念，将每分每秒作为"利益"来对待。同时还要做好记录，避免因为听不清对方话语而造成误解。当然，不管对方的意图怎样，我们一定要保持谦虚恭敬的态度。

（3）交谈要明确，不可"乱侃"

通过电话进行生意上的交流，是工作中难免的事情。双方有着共同的利益追求，才会在一次次的谈判交流中达成明确的合作意向。特别是我们主动与对方进行电话交流前，一定要先将内容整理好，明确交谈的内容以及想要达到的预期效果。我们可以以问候的方式开头，逐渐引入到交流的主题上，但是不可以胡乱吹侃，将目的跑远甚至忘记打电话的初衷。

（4）变被动为主动，主动联络

想要赢得谈判拿下生意，就必须学会主动出击。登门拜访也好，电话交流也罢，都要学会主动，不能被动等待对方联系，不然我们就会变得很被动，错失很多机会。电话交流有时也是一种非常方便的方式，所以，我们要主动与对方联络，诚恳地传达来意以及上层的意愿。

电话交流在谈判中起着至关重要的作用，其也包含很多不可忽视的礼仪，而诚意和气势是其中必然重视的因素。

17．麦肯锡的写作方法，让邮件有了灵魂

向老板提出加薪或者休年假旅游，甚至在菜市场讨价还价都是一种谈判。前者我们可以先向领导写邮件申请，那么，让领导看过邮件后毅然决然批准才是最终目标。在谈判中，邮件避免不了。把邮件写好也是一件关键性的事情。如何让邮件富有灵魂，让对方被邮件深深地吸引住，留下深刻的印象？麦肯锡的写作方法，让邮件有了灵魂，那就是让邮件富有清晰的逻辑性和吸引人的故事性。

根据麦肯锡的写作方法，下面几条可以让邮件更具有逻辑性、条理性、

目的性、故事性。

逻辑的正确性

（1）逻辑要素

主张要明确。开门见山地提出自己的主张，更有利于自己的意图被对方了解。

论据支撑主张。无论什么主张，都需要一系列的论据来支撑。论据可以是一系列精确的数据，也可以是精准的事例。总之，论据一定要充足正确，可以合理地证明主张。

（2）逻辑金字塔

主张需要论据来证明，那么，一个信息就离不开子信息的支撑，当然，两者之间还要有逻辑关系。子信息结合子逻辑会产生若干关键信息，而主信息则需要关键信息与关键逻辑的紧密相通才能获取。信息、子信息、逻辑、子逻辑、关键信息之间的不同阶层链，就构成了金字塔形式。

构建逻辑金字塔的两种方式：

自下而上，通过大量搜集信息，不断问自己"so what？"（会怎样？），逐级提炼得出主张；自上而下，通过提出假说，不断问自己"why how？"（为什么要这样？），找到支撑主张需要的论据。

表达的清晰性

有了具有逻辑性的主张和论据，接下来就需要在邮件中体现表达的清晰性，使整个邮件更能清楚地体现我们的表达意思。

（1）主语、谓语要明确

不管是一句话还是整个邮件，一定要突出主语与谓语，否则不仅不能清晰地表达信息，而且还会使邮件变得一塌糊涂。

（2）逻辑连接词的正确使用

正确使用逻辑连接词，使句子的逻辑性与表达性更加明确。

（3）通俗易懂，少用抽象性词汇

口头表达在谈判中最常用，在写邮件时也要通俗易懂，不要用生涩的、抽象性的词语，这样就会避免产生不必要的误解与误会。

预期要合理

邮件，是谈判前交流的一种重要途径，不要抱着必赢的目的，预期一定要合理，不能好高骛远，不切实际。

（1）"合理高目标"的设定

从双方的角度来看，合理的"高目标"的设定，一方面让对方看到我们的意图与气势，另一方面，也给双方留有让步的余地。

（2）看待投入要有远见性

谈判不会一蹴而就，需要投入相应的人力、物力与财力。或许这些投入会"石沉大海"成为"沉没成本"，但我们决不能将目光放在眼前微小的"沉没成本"中，要富有远见性。这些远见性的投入都可以体现在邮件中，让对方看到我们的决心与努力。

有故事，更有说服力

写邮件时除了逻辑性，还要有故事性，让邮件更具有说服力。让邮件富有故事性，最重要的是故事的传达顺序。

由上而下是一封邮件展开的正确方式，也就是将主要信息放在最顶端呈现出来。由上而下的故事表达方法，会让阅读者一开始就抓住吸引眼球的点，然后才会有兴趣将下面的故事看下去。无论故事的好坏，至少对方在开始时已经明确地知晓了我们所要传递的意图。

如果我们在写邮件时使用由下而上的方式，再加上故事的开头没有吸引阅读者看下去，他们会停止阅读，无法将整个邮件阅读到底。即使阅读者可以耐心地读下去，他们不但会伤脑筋，而且心理上会产生不悦感，进而导致忽略或者忽视邮件中重要的信息点。最后，这封邮件只会成为"垃圾邮件"。

18. 要想被重视，必要时就该登门拜访

诚意是最能打动人的"感情杀手"，而尊重是做事成功的"敲门砖"。那么，登门拜访就是显示诚意与尊重的方法。

鲁国政治事变后，鲁昭公被驱逐出境。他就到泰山以北的齐

国避难，齐景公很是周到地对他进行了各方面的安排。作为拥君派的孔子，也和众弟子跟随鲁昭公来到齐国。齐景公曾经带着晏婴到鲁国进行国事访问，当时就专门拜访了孔子，再加上两国的关系本来就不错，作为大学问家而出名的孔子在鲁国被熟知。

休息了几天后，孔子为了自荐治国方略，就直接去拜访齐景公。齐景公接见了孔子，听了他的治国之道。齐景公问道："你来之前，拜访过晏婴吗？他可是我们齐国的股肱之臣，是我的心腹。"孔子回答道："我没有去拜访晏婴。我可听说，晏婴表面很好，却心怀叵测啊。"然而，齐景公却把孔子跟他的一番言论告诉了晏婴，晏婴那是非常生气："孔子只不过是一介到处骗吃骗喝的布衣，用那些顽固不化的繁文缛节怎么治理国家呢？"齐景公相信晏婴说的一番话，不再主动召见孔子。

孔子在住处一直等不到被重用的消息，再次拜访了齐景公。齐景公感叹道："我们齐国比不上鲁国，用不到你的治国之道，你还是回去鲁国吧。"此时，孔子才意识到事情的严重性。

孔子赶紧回到住处召集所有的弟子商议对策。商议后的结果是，孔子先让弟子宰我去晏婴家道歉，然后再亲自上门道歉。努力了一番后，他也没能改变被驱逐出境的结局。孔子痛心疾首地叹道："枉我是最懂周礼的人，却犯了如此不可弥补的错误。"

孔子最后被驱逐出境的结局，是他没有了解到晏婴在齐景公心目中的地位，更没有亲自登门拜访、道歉，以获取晏婴的重视、谅解。谈判也是如此。谈判前，我们要想被重视，必要时就该登门拜访，以免错失成功的机会，更避免造成直接性的利益损失。登门拜访，也有一定的原则和礼仪。

事先预约，免得吃闭门羹

选好时机，提前预约，这是登门拜访的首要原则，不然就会被拒之门外。事先预约，也是对对方的尊重，如果做不速之客，那么就要面临吃闭门羹的后果。不提前预约，贸然地登门拜访，在不合适的时间点或者不适宜的场合，都会产生极大的尴尬，让自己印象大打折扣，还让对方有失颜面，那么，直接式的送客或者避而不见就是结局。

如约而至，不迟到，不爽约

既然约定好了拜访的时间，就要如期而到，不可根据自己的意愿随意改变时间，不可迟到或者早到。如果真的有临时突发事情不能如约拜访，一定要提前告知对方，并道歉。

有礼谦虚，不可冒失

登门拜访，一定要谦虚，有礼貌，给对方留下最好的第一印象。如果首先接待我们的不是约定之人，一定要先热情打招呼，然后被引见到约见本人那。如果接见的是本人，那么首先要握手问好，得到主人的首肯后坐下。如果见到与约定者地位一样的人物，要起立打招呼。

衣冠整洁，谈吐大方，举止文雅

衣着整洁，仪表端庄，这是对对方最基本的尊重。进门后，要适当地脱掉外套或者摘下帽子，但是不能抱怨天气之类的。要讲究卫生，注重细节，不随意乱放果皮，在得到允许后方可吸烟，要将烟灰放在烟灰缸内。

谈吐大方，不说脏话、粗话，而要避开对方的忌讳，不可想说什么就说什么，不经大脑思考。不可随意打断别人的讲话或者插话。到对方家里或者办公室，没有得到允许，不能随意翻动东西或者进入其他房间。

审时度势，适时告辞

对于这次的拜访目的要规划好，不要进行马拉松式的谈话，许久不进入主题。主要的事情谈完后，不能逗留过长、过晚，要适时地告辞。学会审时度势，如果对方有要紧的事情或者重要的人物接见，就要起身告辞，不能没有眼色地留下，耽误别人的事情。辞行时，要向对方道谢，感谢其款待。

登门拜访的礼仪

这是不可忽视的内容，如果拜访得随心所欲，处处与对方的敏感点碰撞，就会被对方列入"黑名单"。

第一，无论门是否开着，进门前要先敲门或者按门铃，力度不能过大，每次最好敲3下，不可长时间按门铃。

第二，见到接待的人后，首先要热情打招呼，然后自我介绍，告知拜访的对象是谁。

第三，进门后，见到其他人，也要热情打招呼。

第四，和对方交谈时，不可随意接听电话。进门之前，最好将电话调成振动或者静音，以显示对这次拜访的重视和对对方的尊重。

第五，言谈有礼有节，不唯唯诺诺，不盛气凌人，也不冷嘲热讽。

19. 直接联系重量级人物

想要办好事，就要找对人。找对人会让谈判产生事半功倍的效果。找对人，就是直接找具有决定权的重量级人物、关键性人物。

刘先生打算用6万美元翻新家里的地板和厨房，于是找了一支工程队，直接告诉他们："我的预算是6万美元。"工程队的负责人听了刘先生的交代，觉得刘先生最终会把预算提高到8万美元。

于是，在施工的过程中，负责人不断劝说："刘先生，你家的屋顶也该修缮了。""厨房墙壁必须使用隔热材料，这也是为了家人的安全着想。""如果不使用我们给出的材料，会对房屋造成更大的损害。"……

开始的时候，刘先生很是坚持起初6万美元的预算，但是在工程负责人的不断劝说下，最后不得不加新工程，结果装修费用达到了8万美元。

刘先生最后支出8万美元，直接导致家里经济状况出现紧张。刘先生如果在开始知道工程会新加入装修项目，那么在预算依旧是6万元的前提下，他可以相对降低翻新标准。

刘先生出现这样的困境，主要是具有决定权的他直接与工程队接洽。其实，开始的时候，刘先生应该让妻子去和工程队接洽交谈。如果工程队负责人要将翻新费用增加到8万美元，刘夫人可以这样说："我没有将6万美元预算增加到8万美元的决定权，一切都是我丈夫做主，既然他把预算定在6万美元，你们就在这个预算内完成翻新吧。"这样的情况下，工程队负责人再怎么劝说没有决定权的刘夫人也都是徒劳。

工程队的负责人将刘先生作为费用谈判中的重量级人物，直接与他面对面联系，然后开展整个工程。其实，在谈判前，一定要抓住对方具有决定权的重量级人物，提前进行直接性的联系。

如果要进行公司间的谈判，那么，谈判前要直接与对方公司的总经理联系，最后才会在谈判中取得极大的优势，而没必要与其律师进行毫无意义的"舌战"。特别是新兴起的小型贸易公司，他们会非常重视谈判。因为对于诉讼案或者有分歧的和解式谈判，他们的态度会很谨慎，甚至紧迫。所以，在谈判前，直接联系他们的总经理，可以更好地试探他们的态度，更能体现诚意，同时也让对方更有压力，会顺利、圆满地完成后续的谈判。

X公司是一家日资企业，Y公司是日本的一家私营企业，并有自己的工厂。日前，X公司准备收购Y公司的工厂。在即将进行谈判前，双方表达了自己的意愿。买方X公司提出这样的要求："由于对方企业在资产方面存在一些小问题，所以，在收购后，我们希望在受到损失时，能够得到一些赔偿。"而卖方Y公司则持反对态度："即使我们卖出的公司的资产有问题，双方交接手续一旦办理好，之后出现的任何损失概不负责。"在这一问题上，双方争执不下。

另外，在这次收购中，X公司会得到Y公司工厂内安装的诸多机器，那么，另一个前提条件就是，必须保证这些机器设备能正常运行。因此，X公司又提出："如果机器有损坏而不能正常工作，Y公司必须支付更新所有设备的全部资金。"而且，X公司还进一步考虑到："机器正常，能够生产产品；而如果机器损坏的话，Y公司还须承担对卖掉这些产品应得利润的赔偿。"当然，这都是Y公司不能接受的，谈判因此陷入了不进不退的窘境。

作为X公司委托的律师，必须为X公司争取到更大的利益。于是，该律师直接联系到了Y公司的社长吴先生。吴社长在商场上可谓是个叱咤风云的人物，有着广泛的人脉关系。律师抱着双方利益都不损害的理念与他进行了深入的交谈。两个人聊得很好，有一种相见恨晚的感觉。但涉及收购案时，他们都变得很严肃。

经过交谈，其他问题都谈得很顺利，关键的问题是"当机器设备出现故障，该如何赔偿"。吴社长最先表达的意思是："像这样的收购案，收购工厂内的机器设备是基本的环节。我们可以让对方在交付日之前对公司资产进行调查，但是交付后出现的任何问题，我们都没有承担责任的义务。"

律师很明白吴社长的意思，但是依旧在寻求对方让步："我方X公司与贵方Y公司有着长年的合作关系，一直都是很好的合作伙伴。因为之前社长您也保证过所有机器设备正常，我们才决定进行收购。所以，我认为，在交付之后的两年内，如果机器设备出现故障，那么，就要对X公司进行相应的赔偿。"

吴社长考虑片刻后，说道："从交付日起的一年内，由机器设备出现故障带来的损失，我们会进行赔偿。这也是我们能做出的最大让步。"

当然，X公司委托的律师也不会步步紧逼，错失一个良好的机会，当即回复他："好的，我代表X公司接受您的方案。"

可想而知，在接下来的谈判中，双方顺利地签订了合同。如果X公司委托的律师没有在谈判前直接联系到吴社长，那么，谈判的结果会如何呢？

所以，在解决问题时，一定要一针见血，目标明确地直接与重量级人物对话，会得到意想不到的效果。

▌第五章

花点心思营造有利的谈判环境

谈判的进行是具备一定的客观条件的。天时地利人和，主场还是客场，这种种的环境因素都对谈判的结果产生着一定的影响。作为谈判人员，应该在谈判前熟悉环境，并参照其发展变化，对自己的谈判目标和策略进行相应调整。

20. 时间环境：坚持让谈判契合时宜

在现实生活中，很多谈判失败是因为谈判时机的选择不当，并不是其他原因。

谈判时机的选择是谈判的一个重要组成部分，它的影响贯穿谈判的整个过程。该于何时开始谈判？我方的要求什么时候提出最合适？本阶段是否可以向对方施压？谈判该何时结束？良好的时机推动着谈判的进程。当我们不能很好地把握时机时，可能我们的谈判活动在开始的时候就已经失败了；当我们不能很好地把握机会时，也许就错过了原本可以达成协议的机会，而导致谈判的继续，从而造成自己利益的损失……合理把握时机，有助于我们赢得谈判，而不恰当的时机则可能会将整个谈判变得一团糟。

在谈判过程中，因为时机选择不当，可能会导致谈判中一个好主意的取消，或是一个看起来有利于我方谈判交易被取消。当一个人反对某一项规划或交易时，可能并不是他个人的好恶影响，而是不为人所知的经济原因或是其他原因。也就是说，在特定的时间段里、特定的环境下，对于某个人而言，这是一个行不通的主意。当你觉得某个主意对某个客户具有特殊意义时，你不妨直接去拜访他，面对面告诉他。但需要注意的是，一定要选择一个恰当的时间提出，只有这样才能取得预想的成效。

谈判过程中的时机选择并不是一成不变的，没有可供遵循的规律可言，更多的是一种直觉，是一种来自感官的信号。这种由大脑收集而来的感觉信号，可以在我们的谈判过程中得到运用。

在谈判过程中，关于时机的选择与我们对于时间的感觉，这两种难以捉摸的事件相互结合的时候，所谓时机的选择，也许就是你打出的一个电话。要知道，任何一项成功的交易，不管是简单的还是复杂的，在成功前夕都会有特有的感官信号发出，而这种信号对于每个人都是公平的。

在谈判过程中，我们可以通过对方在行动上的提示来对时机进行掌控。所有这一切都是建立在你倾听和理解对方讲话之上，而这正是我们多次提出并反复强调的一点。当你能提出恰当的问题时，就会获得更多关于时机选择的线索。例如我们通过询问，可以了解到对方出于预算等方面的考虑而提前做出的采购预案。

依照常识规律对事情进行处理

在任何时候，不假思索地脱口而出都是时机选择的禁忌。当我们花费足够的时间去对任何提议进行考虑时，就有可能发现当时形势是不是建立在对某种时机的选择上的，或是否能够从时机的选择中得到预期的好处。需要注意的是，如果没有经过仔细的考虑，决不能轻易地给予对方任何答复。

对于任何一笔客观存在的交易，其实际情况都具有各不相同的复杂性，我们在交易的过程中所获取的特殊信息，有助于我们对时机的了解，但信息常常是与常识一起得到应用的。

我们对于自己的谈判对手不甚了解时，那么我们之间的交易谈判可能就会花费较长的时间。当你的开场词能够打动对方时，那么在再次进行解说前，不妨与自己的谈判对手交换一下意见。当彼此的交易过程持续很长时间时，在开始时要求对方做出承诺的做法就是不现实的了。

按照拟订的计划，按部就班地去做

当我们的要求因为外界因素而不能得到满足时，不妨去做下一件事，这样既会减少烦心事，更能够避免我们因谈判的实例而导致丧失耐心。

每个人和事物都有其固定的运动节奏，在现实生活中，就算我们能够驱使别人依照我们的想法去做事，也很难要求他们做事时依照我们的时间进度表进行。所以在谈判中，我们不妨延缓自己追求瞬间成效的欲望，通过调整来使自己的时间表与对方的时间表相吻合。作为一个谈判人员，我们一定要牢记：在谈判过程中时机的选择，是需要耐心来维持的。只有持续不懈，才能够在宛如数字游戏的谈判过程中，向对方提出各种要求，并耐心地一再重复。耐心和坚持不懈的信心，是我们取得谈判胜利的基本。

一如既往地坚持下去

在获取对方承诺上，谈判时机的选择和在什么时候说什么、做什么是同样重要的。当你有足够的信心利用自己的思维来做好某项工作时，其实就是通过自己的感觉来对思维测算和分析，得出答案。此时机的选择，其实就是把这些直觉转化成下意识的行动与默契的机会。

当你能够将时间表与交易的全部时间对照，或者能将其完全独立于谈判之外时，转换的过程也就显得简单了。要知道，每个交易都有各不相同的期限，它们总是按照各自的预定程序和进度展开。在那些几小时、几天、数月乃至数年等，历时各不相同的谈判中，对于阶段性时间的选择是很明显和重要的，什么时候该做什么，该怎么去做都是具有严格计划的。

在了解谈判程序后，很多人试图去找出所谓的终南捷径。如，当急于达成协议时，他们就会想方设法地压缩谈判时间，或是去掉谈判过程中的某些程序，对时间选择的标记视而不见，更没有可能做出对形势发展的适当诱导。这一切都将导致谈判不愉快解决的到来。

认可时间

对时间的认可，这一看似简单的概念，将会是更有效地调动每个人工作积极性的力量所在。

无论是接受新事物还是不同事物，都是需要一定的时间来进行的。走进谈判中的双方在开始时具有太多不现实的目的，双方的探讨也是伴随着各种误解和假设而展开的。在现实的谈判过程中，找到一个很合理的利益平衡点是很难的。在谈判过程中，他们要想达到自己预想中的目标，就必须在过程中对自己的期望值进行调整。谈判的过程其实就是一个原始的觉醒过程。在这个过程中，买主所期望的低价格逐渐地升高，而卖主也从中感觉到货物出手的困难。在经过一番讨价还价，双方逐渐将愿望向对方的靠拢，原本模糊的交易愿望逐渐变得清晰起来。

　　无论是买主，还是卖主，要让他们马上去适应这种极不情愿的现实，都是不可能的。当谈判的任何一方都无力说服对方，又不愿意做出让步，而默默地坚持自己的目标时，就会出现欲速而不达的情况。一般情况下，人们面对改变都有一种抗拒心理。在现实生活中，面对"死"这个概念，人们要接受是需要一定时间的，同样的道理，在谈判中接受来自对方的改变也是需要时间的。当一个人要抛弃旧有思想，转而接受新思想时，鉴于他已经适应并习惯于自己的"老朋友"，所以他需要有充足的时间来进行自我调整，从而接受对方的观点。

　　无论是买主接受高价，还是卖主接受低价，都是建立在足够时间的基础上的。所以精明的推销员会首先向买主讲明提价的原因，从而使对方有足够的时间和思想准备来接受这一现实。"时间造就事物的方式是极其缓慢的"，所以说：在自己的计划中预留充足的时间来接受时间的概念是很有必要的。

恰到好处地运用时机

　　在谈判过程中，如何选择恰当的时机是一件相对复杂的事情，因为在同一天内，呈现在你面前的机会总是以意想不到的方式出现，虽然你未必就能预知这些良机，但敏感地面对这些重要的良机，并及时地做出恰当的反应，从而引导着事情向着有利的方向发展，却是十分必要的。换句话说，你一定要懂得如何去利用时机。

　　如何对别人愉快的时机进行充分利用？选择对方高兴的时候，去要求延长、续订或是重新签订合同，往往会因为对方的高兴情绪而获得批准，但如果在合同即将期满前去做，却未必能够有一个好的结果。这就像要趁着对方高兴的时候，达成预期交易是一样的道理，在这种时候，只要我们的要求不是很过分，大都会畅通无阻地获得批准照行。

如何对别人倒霉的时机进行恰当利用？和利用对方高兴的时候来续签合同一样的道理，当别人面临倒霉或是不幸的时候，也会为我们创造出不同以往的机会。当你谈判的对象即将离任或下台时，那么他可能就不再为其中的某些小节而斤斤计较，如果能够在这种时候跟他谈判、签协议，往往能够取得更大的成功。

对非常时机的恰当运用。选择在上班时间之外的深夜或周末给我们的谈判对手打电话沟通，很有可能会取得较大的效果。你的开头不妨这样说："我之所以会在这个时候还给你打电话，是因为我认为对你我来说这都是一件很重要的事情。"

利用时间来缓解威胁。在谈判过程中，我们既可以利用恰当的时机来对自己做出决定的要求进行缓解，同时又可以迫使对方给出答复。但需要注意的是，绝对不能使对方产生"只能选择接受或放弃，而不得讨价还价"的意识。

如何吸引别人的注意力？由于比较繁忙的人不会将他们的注意力长时间集中在某一点上，所以在与他们谈判时，我们应该选择直截了当的方式，让他们有一种上门听他说话的意识。为避免引起对方的愤怒和对方产生心不在焉的态度，我们不妨少说两句。

理清事情的轻重缓急顺序。当我们在谈判过程中要讨论的问题不是一个时，那么给其中最为重要的问题留足时间是很有必要的，绝不能到谈判即将结束时，再讲出"我是否可以再占用大家几分钟时间来说出我们的主要意见"这样的话来。

21. 地点环境：让主客场作战皆有胜算

合适的谈判地点有助于谈判成功，所以说如何选择合适的谈判地点绝不是一件随意而为的事情。根据谈判地点的不同，谈判可以分为主场谈判、客场谈判和中立场谈判3种不同的类型。

主场谈判指的是在本方所在地与谈判对手进行的谈判。主场谈判时，会因为对环境的熟悉而有一种安全的感觉，既可以充分收集各种信息，还能够随时保持与己方的上级领导、各类专家和谈判顾问等的沟通，便于谈判对策的研究和商定。

客场谈判指的是到自己的谈判对手所在地进行的谈判活动。客场谈判要忍受旅途的舟车劳顿，还有可能对环境不适应而导致紧张的心理和不稳定的情绪。但客场谈判省却了作为东道主的迎来送往，而且在遭遇谈判僵局时，还能以回去请示为理由而暂时中止谈判。另外，也可以完成对自己谈判对手的实地考察，有助于对对方的深入了解和认识。

中立场谈判指的是谈判双方将谈判地点选择在非双方所在地的第三方进行的谈判。第三方谈判较多出现在双方人员同时参加诸如国际博览会等商务活动的场合。

对于谈判经验尚不丰富的人员而言，要尽可能地选择主场谈判，这样能够最大程度上争取主动，往往能收到很好的回报。

在主场谈判中，是将谈判对手请到己方安排的谈判室进行谈判，还是到对方居住的饭店由对方来安排谈判场所，也是有很大学问的。为了获得最大程度上的主动，部分大公司对这方面做了原则性的规定：当客户到达己方所在地时，则谈判必须要选择在己方的谈判室进行。这种做法其实是很有道理的。

当选择了谈判地点之后，就有如下问题出现：

设计恰当合理的谈判形象

谈判设施的位置和条件同样会对谈判的结果造成直接影响，在谈判地点的选择上，注意增强己方的有利地位是很有必要的。

作为东道主，这并不仅仅是一个心理上的优势，更是体现自己真诚和自豪的方式。如果将谈判会晤的地点选择在第三方的话，则会被认为是没有担负起己方责任能力的表现。东道主一方要尽到地主之谊。

对于客场谈判者而言，他们会为到达谈判场所而支付一笔相当的费用，所以很有必要为自己选择舒适而便利的会晤条件。即便是卖方作为来访者时，这种期望也被认为合乎常理。当谈判的一方将谈判的地点选择在东道主公司没有设置办事处的城市进行时，东道主将不得不为本次会晤的安排支付一笔额外的费用。

无论是使用本公司现有的场地设施，还是使用临时租借的场地设施，谈判地点和设施的安排必须要能够彰显出己方作为东道主的形象。对于不好找到的具有特殊要求的谈判室，不妨使用办公室来进行临时布置，但绝不能使用职工餐厅或是空置的储藏室来作为谈判室。要知道，虽然没有摆谱的必要，但尽最大可能提升公司的专业形象还是很有必要的。不愿意为谈判会议认真操持的东道主公司，很有可能会在谈判的过程中面临接踵而来的各种麻烦。

各种便利条件

谈判地点要最大程度为与会的各方提供便利。要知道，季节性的天气、机场位置、道路状况、陆上交通、会议时间安排乃至于是否宵禁等都会影响谈判与会人员对地点选择的看法。

同时，谈判场所的实际状况也是很重要的一个因素。如卫生条件、照明和通信设施及噪音等因素都会对谈判的讨论过程产生影响，引起与会谈判代表的不良情绪。一方感觉到舒适的温度，对另一方而言可能会有过冷或过热的感觉。作为来访者的一方，还有可能会因为会谈地点的空气质量问题而引发疾病，从而导致会谈中止。所有这些不能为东道主所控制的问题，都应该提前做好解决预案。

家具等生活用品，复印机、投影仪、计算机连接口等办公设施，变压器等基础设施，尤其无论是坐下去还是看上去都很舒适的椅子，无一不彰显出东道主公司的状况。装修豪华的会谈室在开会的同时，更具有营销的目的。舒适的会谈环境能够使人们在谈判中集中注意力，从而保证谈判的顺利进行。当然也不排除个别东道主团队会偶尔地通过一定的手段来使作为卖方的来访者产生一种不舒服的感觉。奢华虽然并不是必要的，但考虑不到也会使谈判失去效率和宁静。

有经验的谈判人员会通过控制环境来营造己方的心理优势，并且使自己的谈判对手在整个的谈判过程中都处在所营造的不利环境中。这和打仗一样，能够掌握开战时机和地点的一方，在战斗开始前就已经胜券在握了。

客场谈判者，必须要在对方选择的时间地点发挥自己的才能，是谈判中明显的劣势一方。但如果谈判的地点选择的是来访者下榻的酒店、宾馆时，则作为谈判主场的东道主的优势将在很大程度上被抵消，所以一般被看作是在中立场所进行谈判。

当卖方处于客场谈判地位时，买方会通过对形式的控制来想方设法地削弱卖方的优势地位，并利用卖方必须依靠自己来获得基本需要和舒适的生活环境的机会，迫使对方做出让步。这种类似于"软刀子杀人"的方式在谈判中很有效。

当买方处于客场谈判地位时，为抵消卖方作为东道主的"地利优势"，买方通常会选择不在卖方安排的谈判场地进行谈判的方式。这样做的弊端在于要为宴会、会议室等增加额外的支出，但这种支出又可以转化为买方要求卖方在价格、运输及所有权等方面的相应让步。

掌握对方做出反应的控制权

当会谈在与会各方都相对方便的场所内进行时，不论是卖方还是买方，都不能掌握绝对的决定权，但这种谈判中，占据上风主动权的一方能够明显看出来。在这种场合下，谈判新手常常会稀里糊涂地就被自己精明的对手拉入预定的战场中，从而失去对谈判的控制权。

在现实中，当客场谈判的一方把饭店选择、签证办理乃至谈判计划等，都托付给作为谈判的东道主一方时，无疑是极为愚蠢的。客场一方虽然摆脱了做准备的负担，但在面对东道主施加的影响时会显得苍白而无力。如，当东道主为来访者选择相对于谈判地点而言价格较高或是既不方便又不舒服的宾馆入住时，将会导致来访者的精力严重分散，并限制其时间的使用效率。在有些发展较差的地方，东道主甚至会将来访者安排在自己的子公司或是自己亲戚开办的饭店中居住。

制订合理的应变计划

为能使己方掌握更多的控制权，来访者应该将东道主的安排当作一种建议来对待，同时为避免意外事件的发生，应该事先弄清楚东道主的意图。当东道主安排的时间或会晤地点不当时，不妨提出自己在这方面的要求来供对方参考。当来访者是卖方时，不妨以时间紧迫为理由来对东道主施加的压力做有效反击。谈判的来访者应该对谈判地点和附近设施有较深的了解，以避免轻信东道主的安排，而造成不必要的损失。这时候一张好地图和熟悉的旅行社也不妨用来作为谈判中的有效工具。

作为东道主，在谈判过程中也偶尔会碰到一些试图控制谈判节奏的来访者，谈判经验丰富的买方型来访者很有可能会十分苛刻地选择在机场饭店安排较短时间的会晤，这将会令作为东道主的卖方甚至没有足够的时间来对自己的产品进行全面的介绍。遇到这种无法回避对方时间安排的情况时，不妨选择以东道主身份来安排谈判过程中的宴请，这样做的目的在于打断对方在时间安排上的紧迫感，有助于重新获得谈判过程中的控制权。

在谈判过程中，无论是主场还是客场，也无论是卖方还是买方，双方在进行地点选择时一定要牢记与合同的目标具有一致性，要知道谈判地点的选择是谈判双方的事情。在这方面给予对方适当的照顾，并不会导致己方在整个谈判过程失利。但要注意的是，在进行谈判地点选择之前，不妨先拟订一个计划，做出一些应急的方案。当我们无法对谈判地点进行选择时，那么尽最大可能来熟悉谈判地点的地形就显得愈发重要了。

诱人的外围控制陷阱

在东亚地区普遍应用一种被称为"外围控制"的策略来对谈判造成影响，这种策略的手法微妙，而且不论是社交活动还是商务活动，都能对自己的谈判对手进行实时控制。这种策略既有安排客户在"特别导游"带领下参观文化经典的笨拙表现，更有搞到早已售罄音乐会演出票等相对高雅手段；既可以选择在通信、交通都不方便地区安排谈判会晤地点的欠礼貌方式，更有采取非正式的方式对谈判对手暗示要根据讨论的结果来安排签证等方式。一句话，明确地告诉自己的谈判对手：既然你接受了我方的招待，那么现在就是你付出代价的时候了。

笑里藏刀的反外围控制

作为客场谈判者，一旦自己被免费提供饭店住宿、豪华车辆接送、无休止的宴会，乃至于收到对方过于珍贵的礼物时，实际上就已经沦为谈判对手外围控制方法的执行目标了。因为他们提供的服务越舒适，那么你在谈判的时候就越难于拒绝对方的哪怕不甚合理的条件。面对对方这种外围控制策略，最好的抗拒方法就是给对方一种看起来一切都在预料之中的态度。要知道对方提供奢华服务的目的，绝不是仅仅为了表示对自己的友好态度。

外围控制实际上是谈判过程中的一种战略迂回。在前期给予自己的谈判对手以相当数量的好处，在谈判过程中通过对方的让步逐渐收回。实施外围控制，就是为了依靠阴谋诡计来避免在谈判过程中过多地丧失实际利益而达到使对方做出让步的目的。

当多方商务接触成为谈判过程的组成部分出现时，对谈判议程表进行仔细的协调是很有必要的。在谈判过程中，东道主很可能会自然而然地认为自己可以对谈判对手的时间进行自由支配。鉴于此，作为来访者，可以在谈判开始前直接告知对方自己在当地停留时间的紧张，但没有必要向其通报时间安排，仅仅向其讲明与谈判相关的问题即可。因为东道主对来访者的信息知道得越少，对于来访者就越有利。需要注意的是，为避免给对方留下失礼的印象，来访者不妨将与每个公司接触的时间定为一整天。

在谈判过程中，作为东道主需要明确，并不是每个来访者都认为社交是谈判构成的一个部分，自己过于好客时，反而有可能会冒犯到自己的客人。当来访者要求按标准工作时间进行谈判时，东道主应该对来访者的意见予以尊重，同时有必要对可能导致疲劳的原议程表进行修订。而作为来访者的一方，则应该对东道主为增进双方友谊而进行的安排予以理解。在谈判开始前或是谈判过程中，谈判双方对谈判议程安排进行交流和修订，是一项十分必要的工作。

22. 我方环境：带上最得力帮手出发

为取得谈判的胜利，组织一支强而有力的谈判队伍是很有必要的。在紧张的谈判过程中，谈判队伍应临危不惧、通力合作。谈判团队要有较高的整体素质和强大的心理素质，懂得临场机智应变，既要顶得住来自对方的谈判压力，还要能够克服谈判过程中的各种压力。

带上你身边的专家或同行一起去谈判，对你是有好处的。一旦对方谈判队伍中有相关的专家级人物时，因为自己身边也有一个类似的，或是更加厉害的人物，不至于被对方的头衔压一头。同时，这样的优势也有利于摸清对方的底细，搞清楚对方想要了解的是什么。

刘峰的大学举办过一个文学人物的研讨会，规定无论哪一队抽到哪一个文学人物，都要讲一下与文学人物有关的历史故事，同时还要简单介绍其生平、作品等。因为研讨会具有一定的比赛形式，所以很有必要去了解一下对手的文学功底。

刘峰的对手是汉语班的队伍。当时听说汉语班拥有一个很有名的文学狂人，据说此人上知天文，下知地理，上下5000年无所不知，着实吓到了不少的人。这也使刘峰他们对于参加研讨会的兴趣缺乏、胆量全无，只好硬着头皮顶上。

谁知道，等到研讨会开始那天才发现，对方所谓的文学狂人竟然是杜撰出来的。他竟然无知地将清代才女吴藻和三国战争扯到了一起，导致大家更没有了兴趣。最后还是靠刘峰来给他纠正过来的。研讨会结局也就没有什么悬念了。

从这个例子可以看出，面对彼方摆出来的阵势，努力借助我方专家去探查真相是很有必要的。

除了专业知识之外，谈判团队中的队员还必须具备以下特点：

具备精湛的谈判专业知识

当谈判对手感觉到你的团队中有人具有过硬的某一方面知识时，尤其是谈判知识的时候，通常能在谈判过程中起到积极的作用。比如，在日常生活中，专业知识突出的两个行业是医生和律师，当他们使用大量的专业术语对你进行说服时，你会从内心深处感觉到自己知识的匮乏，会因为赶不上对方的思路，而对对方产生敬佩的心理，往往对其提出的建议和意见予以采纳。当你的团队中大多数人是富有谈判实战经验，甚至是谈判的行家里手之时，对对方而言，你就是居高临下的、具有一定优势的。

熟悉相关的法律常识和政策行规

专业的律师会在平常的说话中混杂大量的专业术语，其语言具有密不透风和无懈可击的特点，他们懂得什么时候该做什么，懂得如何在不触犯法律的前提下解决问题。在现代社会，大家广泛追求的是做事情的合法性，大家都知道闯红灯和不系安全带会给自己带来什么样的后果，同样的道理，通过依据政策法规的明码标价，我们也能够在谈判的过程中为自己减少不必要的麻烦。

具有相对宽泛的知识面

谈判不仅涉及经济，而且涉及金融、市场营销管理以及运输保险等多方面的知识，这就要求谈判成员同时具有多方面的知识。宽阔的知识面能够使我们在谈判的过程中做到进退自如，精湛而简练的语言能够使我们的谈判过程有条不紊，所以说谈判中的综合能力也是很重要的一点。在谈判的过程中，如果某人被认为是某一方面的专家时，我们通常会就这一方面的问题向他咨询意见。也就是说，我们对他强大的号召力、领导力和过硬的专业知识和良好的外部条件产生了一种发自内心的敬畏心理。

具备良好的谈判心理素质

作为一个谈判人员，其良好的心理素质包括抗压能力，能否在遇到事情时沉着而冷静，机智灵活的应变能力等。

谈判团队的组成以取长补短为基本原则，这其中包括知识层面的互补和谈判成员之间的主次分明的明确分工。

如何进行知识互补

谈判是两个具有丰富专业知识和互补性的谈判团队之间语言和智慧的交锋。每个谈判团队都是由不同领域和知识面的专家构成的，这些在营销、法律、技术和财务等方面的专业人员共同组成一个具有很好互补性的知识框架。当在谈判中遇到问题时，发挥团队优势能够驾轻就熟地将其解决，既提高了谈判效率，又有利于争取谈判有利局面。

比如在一场机械引进的谈判中，组织技术人员和相关专家，并辅以相关的法律和财务人员，既能满足谈判的需要，又能够保持谈判团队的水平合理，还能节约己方的谈判费用。

谈判过程中如何进行明确分工

谈判人员在谈判中有主谈和次谈的不同分工，一般主谈掌握着决定权，要求具有良好的沟通和调节能力，同时还需掌握必要的谈判技巧以便领导团队人员达成预期的目标。非主谈人员以减轻主谈人员负担和压力为原则，配合主谈人员进行谈判。通常情况下，非主谈人员与主谈人员还要具有性格上的互补性，且符合谈判组队的基本要求。

在有些谈判中，开始阶段会选择一些低阶的谈判人员作为主谈手进行谈判，而当即将达成协议时，真正的主谈手突然介入，并以己方人员没有做出相应决定的权力，或是价格过低，或是时间紧迫为理由，推翻己方的此前承诺。而当谈判对手感觉成交无望时，再次提出当价格能够给予调整的情况下，可以达成协议。这时候谈判对手很可能会因为已经摊开所有底牌，而无可奈何地接受己方提议。在谈判过程中，始隐终现、虚实结合的谈判风格被称为搭档型谈判形式，是最令人难以防范的。

这里再补充一点题外话：从我方角度来说，与搭档型的谈判对手进行谈判时，必须要谨慎小心。在处处陷阱的谈判桌上，稍有不慎就会落入对方的设计之中。搭档型的谈判组合因为能够巧妙地利用对方的成交欲望，而往往能够成为谈判中的胜利者。当对方已经在谈判中倾注大量时间和精力后，宁愿再多花点钱也不愿意将谈判推翻重来，因为那样的话，他将会再次付出时间和精力，而对其他事情造成不利影响。从这方面考虑，在谈判开始阶段，首先要明确自己的谈判对手是否具有在谈判协议书上签字的权力，当对方没有决定权时，不妨就以此为契机，拒绝进行谈判；或者是在条件和要求方面有所保留，以避免暴露全部条件后，被对方抓住机会，导致己方谈判失败。

23. 对方环境：在对方阵营中"安插"自己人

在与谈判对手进行谈判时，不妨尝试着让对方团队中的成员能够接受你，这样就会在方便的时候获得来自对方的必要帮助。要知道来自谈判对手的信息，对于谈判的顺利进行和协议的最终达成是具有莫大帮助的。

编著《麦肯锡工具》的保罗·弗里嘉曾经有过这样的回忆：

他曾经受命对欧洲的一家大型金融公司的企业银行业务部进行产品组合和市场准入方式的项目评估。在开始的时候，项目谈判进展得异常缓慢，同时鉴于该项目客户的特殊性要求，项目管理方面都要经受很大的考验。而且由于是我们上门寻求帮助，所以各相关部门的负责人也极其不配合。想要赢得这些负责人下面那些关键岗位职员的认可是一件很不容易的事情。鉴于他们对于这个项目的理解存在各种各样的歧义，他们之间的争执甚至会故意打乱项目的进程。

由于这些人当中有公司的部分领导人和销售行业的精英，我们无法预料他们会做些什么事，要想了解他们的想法也是很困难的。为了避免造成意外的麻烦，保罗先生花费大量的时间和精力去和大家进行谈判沟通，并对每个人的背景、想法及想法形成因素进行深入的调查了解。而且在项目谈判的过程中，保罗先生还与大家进行项目进展的交流，力促大家都能保持和他同样的想法。

在每次的阶段报告会上，保罗先生还会单独与大家见面进行交流和沟通，在消除谈判不稳定因素的前提下，确保了项目谈判的顺利进行。

获得谈判对手的支持

在麦肯锡经验中，能够得到谈判对手团队的认可和配合，对于己方团队而言是至关重要的。在谈判过程中，利用最短的时间建立与谈判对手团队的共识，获得谈判对手的支持和信赖，将有助于将己方的想法向对方进行推销，从而在谈判对手的支持下，取得谈判的最终胜利。

通过交流，可以使谈判对手团队的每个成员明白，双方的谈判目的是具有高度一致性的，只要大家都做出适当的付出，将有助于谈判结果的最终达成。当我们的谈判目的不能达成时，对方也不可能获得单方面的胜利，谈判的最佳结果是要获得谈判的双赢。

你的谈判进度实时监控器

当你能够与对方谈判队伍中的某几个或是某个成员建立良好的友谊时，对方有意或无意透露的关于谈判的信息，如对方企业的谈判意向、谈判决策，甚至是有几个竞争对手，乃至竞争对手的报价等信息，都将直接影响你谈判的成功。

即使是对方没有直接抛出这些信息的意愿，也可以在谈判的过程中通过旁敲侧击的方法，来从对方那里获得这些信息，使决策更加具有目的性和针对性，这将有助于谈判的圆满完成。

谈判桌外的人际关系

谈判团队中，每个成员都有着各不相同的能力和目标追求，在条件允许的前提下，适当地安排与谈判对手团队进行聚餐、棒球或羽毛球等社交活动，将有利于放松对方紧绷的神经，同时还能淡化彼此间的陌生感、敌对感。当谈判桌下的友谊被带上谈判桌时，将有助于对方在谈判过程中的暗助，使谈判获得最终成功。

24. 气氛环境：严肃和随和中的柔与刚

三国后期，魏国司马懿进攻马谡驻守的街亭要地，拿下街亭后，乘胜直逼西城。这时候无兵可调的蜀汉丞相诸葛亮沉着镇定地打开城门，并亲自在城楼上为司马懿抚琴。疑心很重的司马懿终因担心中伏而退走，导致掌握节奏的诸葛亮占据一时的上风。

这个故事说明了气氛环境对于谈判结果的影响力。在谈判过程中，要能够熟练掌控谈判气氛，既能够缓和紧张的谈判气氛，更要能够使谈判人员在散缓的氛围中紧张起来。在谈判过程中，既要保持谈判气氛的严肃和柔和，更要避免谈判陷入僵局，这就要我们规划和掌控好谈判的话题、过程，还要通过看破对手的谈判目标，掌握谈判的主动权来对对方施加压力，证明己方不容小觑的实力。当我们能够掌握谈判的现存气氛时，就能够在最短的时间内了解自己的对手，并打败他。但需要注意的是，永远不要在战略上轻视自己的谈判对手，要用二十分的应对方案来承接十分的压力，只有这样才能使我们立于不败之地。

做个"强硬派"，让对方先心虚无措

态度强硬是谈判风格的一种。在谈判过程中不能做别人的"应声虫"，而要做一名导师。强硬的谈判风格，将会使坐在你面前的谈判对手从内心深处感到虚脱无措，这将有助于谈判过程中己方力量的加强，有助于谈判走向最终的成功。

态度强硬，并不是一个简单的观念问题。要知道，在谈判开始前做好充足准备，就宛如上战场前储备充足的弹药一般，可以自由发挥；而没有充足的弹药时，即使拥有再好的枪法，面对阵地上横冲直撞的敌人也会无计

可施。

使人在谈判过程中具有强硬态度的方式很多，更有很多的人选择强硬作为自己的谈判风格。态度强硬的谈判人员，往往会在谈判开始的时候提出看上去不很切合实际的要求，并且在谈判的过程中坚持目标。伴随着谈判的逐渐展开，让步虽然时有发生，但让步的幅度却越来越小，却又不至于导致谈判僵局的形成，自始至终牵着对方的鼻子，引导着谈判的展开。

巧用柔软的"迂回战术"让气氛得以轻松化

在谈判过程中，双方出于对自身利益的维护而不肯做出让步时，就会因为僵持不下而使谈判陷入困境，这时候不妨采取迂回战略来将其破解。这就是说，如果在彼此都不愿意做出让步的小问题上陷入僵持时，不妨使用迂回方法来对这个障碍进行拆解，从而一点点地去除掉。

当谈判对手对达成的大部分条款无异议，而纠结于成交价格时，我们不妨为其进行细心的分析，从而获得最终的解决。如："××，根据我们现在谈判的结果，我们无法达成令双方都满意的结果。因为一旦您满意了，我们的利益将无法得到满足；而当您不满意时，我们的利益还是得不到保障。既然这样，我们不妨设定一个双赢的结局。我们先假设一下，当我们在价格方面达成一致时，我们需要提供整套的设备呢，还是缺乏辅助件的设备呢？"

对方想当然地回答道："当然是全套设备了，没有辅助件的设备，我们拿回去干什么呀？"

"很好。那这方面我们就没有异议了。你要的是价格满意的全套设备。那么，我们是现在给你安排呢，还是你过段时间再来呢？"

"如果能够达成一致，当然是越快越好了！"

"好的。那么这个项目是由我来跟你接洽呢，还是安排我的助手呢？"

"这还用说吗？当然是你了。虽然咱们之间有分歧，但是我还是喜欢跟你打交道。"

"好的。你计划采用什么样的付款方式呢？是现在支付现金，还是在完工后一个月内用承兑支票来支付呢？"

"我们刚才不是已经谈过了吗？在项目完工后，一个月之内以承兑形式结算。"

"嗯，我们来总结一下，你是想获得最好的设备和最完善的设备，同时要求选择你最为优惠的付款方式。要知道，你在付款之前这台设备能为你创造的价值，应该已经超过了咱们所争议的价格了吧！"

这个例子告诉我们，障碍导致谈判陷入僵局时，我们应该抛开无关紧要的事情，避免将障碍与僵局混淆。不妨采取迂回侧击的方式来淡化障碍，营造一个轻松的谈话环境，以此来打破僵局，让局势向有利于我方的事态发展。

第六章

第一印象会让对方认定你是敌是友

无论是社会活动，还是谈判，留给对方的第一印象都是十分重要的。若是在谈判开始的第一步便出现重大错误，就会对整个谈判过程造成极其严重的危害。所以说在谈判开始阶段塑造良好的第一印象，可以使对方放松戒备，有助于维护己方的利益。

25. 了解对方交流风格的重要性

　　了解对方的谈判风格是成为谈判高手的关键。因为只有在了解对方的谈判风格的基础上"对症下药"，才能够达到理想的效果，起到事半功倍的效果。谈判之前，很有必要去尽可能多地了解谈判对手，甚至是其在谈判之外的个人要求。

　　每一个谈判人员都有其独特的思维方式和谈话技巧，所以谈判并没有一套恒定的方法。知己知彼，百战不殆，这时候因地制宜、因人而异就显得尤为重要了。我们很有必要尽可能多地掌握谈判的技巧。

　　业务员刘凯接到了和某机械公司老总进行谈判的任务，而且这个任务还是临时安排的。作为谈判领队的刘凯，为了能够在谈判前尽可能地了解对方的情况，他请自己的老板给对方打电话，邀请他出来一起喝杯茶。虽然对方并不知道是刘凯的安排，但他还是欣然答应了。就在双方一起喝茶的过程中，刘凯通过放松的拉家常方式，旁敲侧击地了解到对方公司的经营并不景气，而且职工之间的关系也比较紧张。刘凯在初步了解后，约好正式谈判的时间，就回去进一步准备了。

在很多情况下，我们不能为自己选择谈判的对手，如果不了解自己的谈判对手时，不妨就先进行一次诸如刘凯这样的友好谈话。通过了解对方工作经历、任职时间等，评估他在公司中的威望和谈判的灵活性。通常情况下，任职时间较长的人会在公司内部具有更大的威望和更强的灵活性。而且在谈话的过程中，我们还有可能了解到对方受过的挫折，甚至有可能进一步了解到他对公司的忠诚程度。

做事情得法，往往会收到事半功倍的效果；做事不得法，则是事倍功半的效果。一场成功的谈判往往是需要一定的方法来进行支持的。首先是建立在我们对对方充分了解的基础上，制订的谈判方案符合对方的实际情况；其次，对客户谈判对手的风格和特点有一定的了解。

通常情况下，我们从理性和感性两个方面对谈判对手进行分析。在理性方面，主要是指他在遇到事情时表现出来的，是积极还是消极的态度，是犹豫不决还是果断干练的做事风格，是其强势的一面还是弱势的一面。在感性方面，则主要是指无论是工作还是生活中的事情，他所关注的重点是人的因素，还是事件本身的因素。

从理性和感性两个方面，来对谈判对手的风格进行了解，看看当他遇到事情时理性占几分，在面对不同的人时感性又占几分，从而进行分析和掌握。

通常情况下，理性的人说话、做事雷厉风行，他们讨厌拖泥带水的行为。他们注意力集中，同时善于把握和掌控局势，喜欢把所有的东西都置于自己的控制范围内，尽量少走弯路，避免持久作战。他们能恰如其分地管理好眼前的重要任务。在他们看来，与那些办事拖拖拉拉、毫无主见的人进行谈判，纯粹是浪费时间，根本就没有继续谈判的必要。这时候，配合客户的节奏和速度就显得尤为重要了。

而感性占主要地位的客户，通常表现得很浪漫，他们不会去刻意地追求衣着和外表，但感情充沛的他们对你的每一个举动和眼神所蕴藏的含义，却显得很在意。但在不会过于对事件本身进行关注的他们看来，事情的最后结局与个人感情具有莫大的关系。

只有分析出对面的谈判对手是感性还是理性的人，才有可能针对他的性格特点做出针对性的预案。通常情况下，感性意识占主导地位的人，是靠右脑思考的一类，他们更为关注对人的印象和感觉；理性意识占主导地位的人，是靠左脑思考的一类，他们注重的是细致到每个环节的事物发展状况，在他们看来，对方是什么样的人反而显得并不重要。我们在谈判过程中面对这样两种不同的人时，不妨分开应对，对待感性的人，从情感方面着手，和他们去讲求本真的人性；对待理性的人，给他分析事情的整个经过，对其中每一个可能发生的结果都去仔细地推敲。

我们的谈判对手无外乎就是如下的3种人：

感性大于理性

注重情感层次的他们可能会因为在工作交流沟通中，发现彼此间的共同爱好而与你结交。事情通常会在酒桌上得到解决，同时还得到对方工作上的友谊。

理性大于感性

注重事情发展的他们分秒必争，与感性人在酒桌上谈问题相比，他们倾向于在正式的环境下有板有眼地去解决问题，一丝不苟的他们容不得一丁点儿的污垢。他们不会因为彼此间的共同爱好，而在工作上对你有所妥协退让，在与他们进行谈判时，只能从实际出发，言论要针对事务的本身而发。

感性与理性持平

这类人在谈判过程中表现得折中，他们既不会死板冷静地去沟通，也不会天马行空地漫天胡扯，通常情况下，他们能够在有效的时间内做到事情、人情两得。

　　王明与图书管理员张林是一对好朋友。这天王明不小心将借来的新书弄破了书皮，为能够顺利归还图书，王明专门请张林来喝酒，并且有意在酒桌上提起两人的感情，王明还声称张林是自己最好的朋友了。就这样，在几杯酒下肚后，当王明拿出破损的图书交给张林时，义薄云天的张林马上拍着胸脯对他说没事，这事交给他了。

　　了解张林的王明通过大打感情牌，轻松地搞定了自己所要解决的问题。

在"电梯谈判"这类时间很短的谈判中，往往可以抛开策略，选择直奔主题，直截了当地提出自己的要求。但如果面对冗长多变的长时间谈判时，简单地使用假装走掉这类招式，是不灵的。也许第一次能见到效果，但当你不止一次这样做时，就很容易被对方识破，而懒得搭理你。因为他们很清楚你是一定会再回来的，这只是你的一种策略展示而已。再比如，当你一而再再而三地使用"黑白脸"战术时，就会面对对方的直接揭穿而显得无计可施。如果谈判的时间将会持续很长时，不妨多准备几套策略。

你无论和谁进行谈判，风格保持一成不变时，就很容易被对方所掌握。对方会通过对你策略和形式风格的分析，从而摸清你的底细，推理出你的思维方式。如果你还是固执己见地沿用自己的老招式，那就会轻易地被对方战败。不断地对自己的谈判策略和风格进行变更是很有必要的。

26. 谈判前的寒暄之语大有学问

在进入谈判之前的寒暄是有很大学问的。当谈判刚刚开始时，谈判双方彼此间存在情绪上的陌生和紧张，心理上的距离感也就相应较大，此时的寒暄，则无疑是促进彼此间关系的绝好方法。在寒暄时，一定要体现出发自内心的真诚和热情，绝不能语气冷淡，阴阳怪气。还要注意的就是不要过于热情，寒暄起来没完没了。

"你吃饭了吗？"这类问题绝不能用于外国人，而应使用 "早安/早上好！""午安/中午好"以及"晚上好/晚安"等问候语。

作为一个资深的谈判人员，没有谁会在开始的时候就直接切入正题。彼此间的谈话，往往是以对身体及天气等的问候、讨论开始的，随着话题的深入，彼此间的距离逐渐拉近，谈话的范围也就变得更加宽广。简而言之，谈判前的寒暄，其实就是彼此间对于谈判共同话题的寻找。

开场进行的一切活动，目的无非两个方面：为建立双方良好的关系做铺垫；尽可能地了解对方的意图、态度和特点。在这时候，双方都会很谨慎小心地对获得的对方印象进行分析，同时还会采取一些措施来对对方施加有利于自己的影响，并将这些影响一直持续到谈判的结束。

在谈判前，管理者应该周密而又灵活地做好准备工作。一旦坐下来开始正式谈判，应充分利用开始阶段对方的言谈举止来获取自己所需要的信息。具有丰富谈判经验和技巧的人员能够在这一阶段掌握对方的洽谈人员信息，从而顺利地发挥自己的谈判风格。

在实际的谈判过程中，谈判人员的表情、姿势及切入主题的能力都是他谈判经验和技巧的反映。当他不能应付自如地寒暄，或是直截了当地切入主题时，则说明他是一个谈判的雏鸟。谈判高手会细心观察对方这些微妙之处。

开场发言同样也是对方谈判风格的体现。为谋求双方的合作，有些经验丰富的谈判人员会在开始时对一般性的题目进行讨论，也有的谈判人员会采取不同的措施来对谈判施加影响。但谈判开始时，经验丰富的谈判人员会在充分了解自己，包括己方人员的背景、价值观，每个成员对谈判的掌握程度，该如何进行展开等的前提下，对双方的优势劣势进行积极探求，并对己方该坚持什么原则、对哪些问题能够做出让步等进行综合分析。

所有这些信息常会被那些习惯于玩弄花招，将自己利益建立在牺牲对方利益基础上的谈判人员作为谈判过程中的重要武器。谈判人员在面对谈判中出现的冲突时，会变得小心翼翼。当谈判的一方不知道谈判该如何进行展开时，另一方很有可能会因为神经质或谈判经验的不足而表现得不耐烦，这时候就该积极地做出应对。

在谈判开始阶段，谈判成员由于搞不清楚对方的目的，而会选择与对方"谋求一致"的谈判方针，从而积极引导对方来与己方进行协调合作，并会努力为对方创造适应自己的机会，同时还能够把握时间和机会来对对方的反应进行分析判断。

在谈判初起时，谈判成员会通过自己掌握的谈判技巧来努力避开对方锋芒，促成双方合作。这时候他们会对非业务性的各种话题进行逃遁，同时对对方的利益更加关注。一般谈判过程中的开场白是这样的：

"×总（或××经理）您好，欢迎您来到××，很高兴能够见到您！"

"×总（或××经理）您好，我也很高兴有幸来到贵地/贵公司，不知您最近生意怎么样？"

"这次的买卖对我们双方都很重要。您旅途还好吧？"

"这个问题正是我们这次所要讨论的。不知路上饮食还习惯吗？我们先来点咖啡如何？"

这些看起来摸不着边的闲扯，看似与谈判问题风马牛不相及，但如果对方在之后仍然坚持乙方原则的话，则谈判可能会"亮起红灯"；而如果对方能够接受你看似轻松的聊天，则说明谈判的"绿灯"可能已经开始闪烁了。

在谈判初起阶段，谈判人员过早设定对方的谈判意图是很容易出现的错误。他们最应该做的是，结合自己掌握的信息，在洽谈和实质性谈判的过程中，做出深入的分析。

27. "电梯演讲"，小而有力的谈判

"电梯谈判"指的是那些需要在极短的时间内完成的谈判。在这种谈判中，我们的唯一目是完成我们的谈判。为了达到这个目的，哪怕是得罪对方也在所不惜。因为很大程度上，我们的合作甚至是谈判机会只有一次，当我们表现得坚持一些、强硬一些时，也许就获得了谈判的机会。"电梯谈判"的关键在于迅速地切入正题。因为时间短，策略在这种快速而单纯的谈判中并没有多大的效果，远不如直接提出要求更具效果性。在有限的时间里，铺垫和策略就显得微不足道了。同时，我们还要具有挑战权威的勇气。虽然规矩是死的，但人是活的，在规定的条件下，能够变通的东西很多，只不过需要我们去寻找具有调整权的契机和人而已。

大家都知道，高速客车一般都是直达的，不允许在中途上下旅客的。但就有一个同事通过自己的努力争取自己中途就近下车的事例。

那是从德州开往衡水的豪华长途客运车，按正常的运行时间，车子到达衡水差不多晚上10点的样子。那时候就没有公交车了。虽然司乘人员也在开车的时候告诉大家中途一律不得停车，

但是为了能够达成自己的目的，我的这个同事就跟司机交涉起来："师傅，能在前面加油站停一下吗？"

司机师傅本能地摇了摇头："绝对不行，上车的时候都是说好的，中途不准下车。你不知道吗？"

"知道的，知道的。可是，您看到站都这么晚了，又没有公交车，我一个单身女孩子，自己打出租，多不方便啊！"

"话是这么说，可我们公司有规定，是不允许中途下客的，不然我就要挨罚了。"司机师傅也很无奈地说。

听到他有些松动的口气，聪明的同事立马转变方式："您看这样好不好，一会儿呢，您直接把车拐进加油站，我在加油站里下车。我又没带什么东西。"

司机没有再多说什么，只是看着跟他女儿差不多年龄的我的同事，默默地点了点头，然后直接将车拐进了加油站。

"电梯谈判"这类简而短的谈判，不妨从下面几个方面入手：

明确表达：我并不只有你这一种选择

人最担心的就是自己比不过别人，一旦他知道自己不如别人好时，就会产生一种竞争意识。在短期的谈判中，通常可以通过一定的手段来让他知道你并不是只有他这一种选择。当他明白这个问题后，就会想方设法来争取你这个客户。对你而言，这是一种良性的竞争，因为对方知道并不只是他一家要跟你合作时，他会迫于竞争的压力去主动和你谈判，而且还很有可能主动去降低自己的利润空间——对于他而言，时间就是一种无形的压力。

刘阿姨在市场上看到一个鱼贩子卖的鱼很不错，就问道："这鱼怎么卖的啊？"

看到有人上来看鱼，鱼贩子立马上前回答："噢，阿姨，您买鱼吗？您问这鱼，这鱼七块五一斤。您看，多新鲜的鱼啊！今天早上刚从湖里打来的……"

听到鱼贩子自卖自夸的说法，刘阿姨撇了撇嘴："你家的鱼太贵了，隔壁老张家的鱼才五块五一斤。昨天我邻居刚买的。"

鱼贩子马上应声道："不可能，他家的鱼一定不是新鲜的。我家的鱼可是今天早上才打上来的。"

"怎么不可能？我刚才买白菜的时候，看到老张头的儿子刚送过来的鱼。"

"这样吧！不蒸馒头争口气，既然他家的鱼能够五块五卖给你，我也能五块五一斤给你。这样吧，我就为拉你一个回头客，给你按五块五。不过不能跟别人说，不然的话，我这买卖没法干了。"

就这样，刘阿姨用最短的时间完成谈判，将鱼价从七块五砍到了五块五。

一旦对方明白除了他之外你还有别家可以选择时，你就占据谈判的主动了。

适当地给予对方一定的好处

额外给予的好处，更能够吸引对方的注意力。在谈判过程中，将对方感兴趣、能够吸引对方的东西，按照从大到小的顺序依次展示给对方。这样就能够一直吸引着对方的注意力，使他乐于跟你谈判，这时候谈判成功的概率也就相对较大了。

摆出一副专家懂行的样子

在简短的谈判过程中，做出一副权威专家的态度，会让对方误以为你是真正的专家而对你有所忌惮。一旦对方认为在谈判涉及的内容方面你是一个专家，你能够很明确地把握相关信息的话，那么你在谈判的过程中就会获得更好的条件和资格。而在谈判的过程中，也要尽量保证所提问题对方只能进行简单干脆的回复，从而丧失与你压低价格的空间。

百尺竿头更进一步

在谈判结束后，再进行一次利益争取是十分必要的。受时间压力影响，对方往往会在临近谈判结束前做出一定幅度的小让步，所以可以考虑在谈判后、签约前再稍微努力一下，哪怕是提一些小要求，对方为了不对谈判造成影响，导致协议内容受到破坏，有很大可能满足你的要求。这就是我们平常所说的，用最后20%的时间来获得较大的让步。但一定要注意的是，所提的要求必须是较小的，一旦被对方认为是要挟，会导致谈判破裂。

在进行"电梯谈判"类的短期谈判时需要注意如下两点：

（1）做决定前一定要问好价格

在进行短期谈判时，一般都是先享受后付款，但需要注意的是，在享受之前一定要谈好价格方面的事情。在我们的日常生活中，这样的例子比比皆是。

（2）不要轻易地去接对方的话题

在"电梯谈判"的简短时间内，本来能谈的事情就不多，如果在这个时候去接对方的话头，无异于从头开始再和他谈一次，你很有可能已经落入对方的陷阱中。而如果你给对方提供话题时，则情况正好相反，这时候的你作为主动的一方，已经准备好了谈判的内容，在有限的时间里，可以避开寒暄，直接进入主题，就会很容易得到你所期望的。

28. 耐心倾听 vs 喋喋不休

在谈判开始阶段，通过耐心倾听和仔细观察对方举止神态，并做出积极的回应，既有助于摸清谈判对手的底牌，还能够展现出我方对于谈判对手的尊重和礼貌。

正确理解倾诉者的心理需求

在谈判过程中，当我们作为倾听者出现时，一定要能够正确理解倾诉者的心理，只有这样才能作为一个合格的倾听者出现在谈判过程中。

将主要的精力放在倾听上，而不是花费心思去寻找应对的方案。

要彻底弄清对方所阐述的内容。为避免与自己的谈判对手陷入具体问题的争论中影响谈判，在对方进行阐述的过程中，当有不理解的问题时，绝不能轻易地打断对方的说话，而是应该将其记录下来，在对方发言完毕后，再及时地向对方提出疑问，通过对方的解释，全面而完整地了解对方的意图和观点，避免造成曲解、误解，还能够展示自己的良好修养。

对于对方阐述过程中的关键性问题，要能够很好地理解和思考，并归纳和总结。

当确有必要对谈判对手的发言进行提问时，应选择在他阐述过程的停顿或间歇时刻。这种情况主要出现在谈判对手发言拖沓冗长且不得要领时，以及过于突出细节、偏离谈判主题，对谈判进程造成不利影响时。通过提问的方式来掌握谈判的过程，为自己争取到谈判的积极主动。

在己方发言前，可以通过自问自答的形式，向对方阐述谈判观点，以便能够最大限度地争取主动权，避免被对方借机发言对自己的阐述造成影响。

心急吃不了热豆腐

如果你负责的是向对方催收一笔旷日持久的欠款。双方约定见面时间是下午3点，同时对方在4点钟的时候还有一个非常重要的会议安排。这时候，你一定要沉住气，因为产生谈判结果的时间，很有可能会出现在3点

50分。如果你过早地向对方表述行动目标，反而给予了对方充足的回旋时间。

同样的道理，谈判双方80%的让步是在谈判最后20%的时间内做出的。因为时间关系，这时候即使提出一些额外的问题或要求，也很容易被对方接受。如果在谈判开始阶段就直接逼迫对方，则很有可能导致谈判破裂。

自曝短处，坦诚相对

在有些谈判中，与其喋喋不休地说个没完没了，说不到重点上，不如采用自曝短处、与对方坦诚相见的方式。要知道，能够自曝短处、开诚布公地与对方谈判，远远好过被对方识破时的尴尬。在大部分人看来，在谈判中要尽量给对方留下一个较好的印象，而对自己的缺点则要尽量掩饰。但是这样往往会给对方一种不自然、虚伪的感觉，不如坦诚地将自己的弱点交代给对方，给对方一种诚实的感觉，更能获得对方的尊重。

比如，在谈判时，你不妨对己方的缺点进行简单剖析——我们的产品外观并不是我们所注重的关键，但是我们的质量绝对是一流的。如果确有必要的话，你不妨考虑重新设计包装一下，这样也许就会热销的。当你这样坦诚地与对方进行交流沟通时，反而更容易因为你的诚实，而取得一个更好的谈判结果。

29. 带着认同的微笑能拉近双方的距离

在这个世界上，心与心的距离是远远超过地球两极距离的，要知道，最大的悲哀莫过于相见而不相知。而宛如温暖阳光的微笑则无疑是促进社交谈判走上成功的必要手段。微笑贯穿谈判交际的整个过程，虽然我们不能对自己的容貌做出改变，但是通过微笑的手段来对自己进行装点也是必要的，因为微笑本身就是一件让人很容易接受的礼物。通过微笑，我们表达出了对对方的尊重、宽容和理解，同时也让自己更加美丽和有风度。当我们能够成功地运用微笑这一上帝赋予人类的特权时，我们就已经有效地缩短了彼此间的距离，化解双方之间的矛盾，同时也为自己走向成功打开了一扇大门。

在医院看病时，大家都坐在椅子上一起静静地排队等候，忽然坐在前面的一个男性病人猛地站了起来，摆出一副很生气着急的样子，他对负责接待病人兼维护秩序的护士说道："你们到底是怎么搞的啊？昨天李大夫跟我说好了，让我今天上午9点过来。你自己看看，现在都已经快10点了。我想问问，你们医院到底有没有准，能不能不要随意浪费我们的时间。"

面对气势汹汹的病人，我以为护士一定会跟他争吵起来，甚至会大动干戈。谁知道，护士居然微笑着对他说道："对不起，这位先生，让您久等了。可是您也看到了，今天的病人实在是太多了。这样吧，麻烦您稍等片刻，我马上过去看一下。也催一下李医生。请稍候。"说完，那个留着马尾辫的护士转身进了诊断室。

过了一小会儿，只见那个护士走了出来，走到刚才那个男人面前，再次微笑着对他说："您好，先生，现在轮到您了。请您跟我来吧！"看着护士的笑脸，那个男人也感到很不好意思。他对那个一直跟他微笑着说话的护士诚恳地说道："对不起！刚才是我的态度不好，请您原谅！"那个护士依然微笑着回答说："没关系的，我们也能理解您的心情！"事情发展到这里，因为微笑，它化解了原本可能的剑拔弩张气氛。

如果你能在谈判中给对手一个微笑的话，那么对手又何尝不会给你一个微笑呢？

看起来很简单的一个微笑，或许就能够在一瞬间缓解别人对你所有的顾虑。作为彼此间心灵沟通的无声语言，简单的一个微笑就能够融洽彼此间的关系。既然微笑具有如此的功效，那么，在谈判的过程中，我们是无论如何也不应该吝啬我们的微笑的！

在谈判的过程中，荡漾在我们脸上的微笑，是我们愉悦情感在脸上的反映，也是能够折射我们高尚道德和良好情操的一面镜子，更是促进和改善工作作风的一种精神力量。通过微笑，能够改善谈判中的人际关系，增进彼此间的信任感。

法国著名作家维克多·雨果曾经说过："微笑是消除人们脸上冬色的阳光。"微笑能够赶走人们心中的阴霾，使人们变得更加友善。发自内心的微笑是我们情感的渗透，应该是表里如一，且毫无包装和修饰的。在谈判中，我们一定要保证微笑的自然得体，绝不能装笑，也不能皮笑肉不笑，以免弄巧成拙起到相反的作用。

无论是端坐、站立，还是行走，恰如其分的微笑，要与眼神和姿态协调一致，整体配合，它能够彰显出我们的文明、庄重和风度。微笑，这个美丽而简单的动作，能够为我们创造出美好的未来。

在现实生活中，微笑通常被定义为"解语花"和"忘忧草"，它是我们参加社会交往的通行证，通过微笑，可以有效地缩短彼此间的距离。曾经有位成功的职场人士在半公开的场合自嘲道："没有好的长相，可以培养自己的才气；才气再没有的话，那你就应该尝试着让自己学会微笑。"所以我们在谈判的过程中，保持自己的微笑是很有必要的。

30. "向着"对方说话的黑白脸

大多数的谈判团队是由3人及3人以上的成员共同组成的。在现代生活中，随着社会的发展，各式各样的高新技术逐渐成了谈判的主要内容，这就需要组织相关的专家来专门解决谈判中可能遇到的各种问题。

俗话说得好，"众人拾柴火焰高"，合作的团队是最为强有力的组合，因为在这时候，你并不是一个人孤军奋战，在你的背后永远有和你目标一致的人支持你，大家一起为了共同的目标而努力奋斗。当你犹豫不决无法决定时，他会悄悄地提醒你。在团队中，通力合作的"黑白脸"就是软硬兼施的一种策略。

在众寡悬殊的谈判中，人多的一方可以实行车轮作战，用己方的旺盛精力来拖垮对方，使对方因为筋疲力尽，影响其最终的判断，从而做出对自己有利的决定。试想，当谈判的一方展开自己人多势众的优势时，最有可能使用的就是通常的"黑白脸"策略，从而在谈判中对对方进行软硬兼施。通常情况下，他们会安排其中的一部分人来扮演其中的强硬派，这部分人会激烈地抨击对方，指责他们的不是，对他们的缺点表现出强烈的不满，逼迫对方做出修改或让步，甚至为此而导致谈判破裂也在所不惜；而扮演温和一派的人则会比较委婉地表示出对你的理解，并对己方人员的态度进行象征性的批评，在缓和谈判气氛的同时，说出让你做出让步的目的。他们的最终目的无非就是让你疲于应付，而导致最终做出有利于他们的决策。

当人多的一方利用人多的优势，摆出各式各样的面孔进行谈判时，作为人数劣势的一方要能够及时看穿他们的阴谋，并保持镇定自若。试想，一件原本很单纯只需两个人就能解决的问题，对方一下子安排出好几个人甚至是十几个人的阵容，这本身就是一件意外的事情了。事出反常即为妖。在这种情况下，各种突发的状况肯定是你所不能预料的，所以这时候保持冷静是第一位的。虽然对方参与谈判的人很多，但是他们的谈判对手只有一个，当没有对手时，谈判也就失去意义了，所以当你一旦离开时，他们就会表现出手足无措的一面。

当谈判陷入争论不休而你难以应辩时，不妨采用拖延时间的方法，比如要求增加休息的时间，这样既可以避开对方凌厉的攻势，为自己争取调整和喘息的时间，同时还可以借机进行必要沟通，为接下来的谈判做好准备。团队作战有利就有弊，关键在于如何合理把握。

　　两年前，鑫鑫文具店作为唯一经销商，与彩色夜光笔生产公司签订了为期6年的销售垄断协议。不久前，鑫鑫文具店的彩色夜光笔销售额大幅下降。鑫鑫文具经过市场调查发现，有一家名叫卓悦的文具店也在销售彩色夜光笔，而且和自己销售的是同一厂家的产品。显然是生产商违背了双方签订的协议。为此，鑫鑫文具派遣公司的王珂与刘云一起去找彩色夜光笔公司交涉此事。

　　在谈判的过程中，王珂义正词严地指出对方违反合约，向卓悦文具提供彩色夜光笔，并且没有通知鑫鑫文具，致使鑫鑫文具蒙受巨大损失。但是厂商拼死抵赖，坚持认为自己曾经跟鑫鑫文具沟通过，并得到了批准的。面对狡辩的厂商，王珂勃然大怒："既然你们这么没有诚意，那么我们就等着打官司好了。哼！……"

对方显然被王珂的气势给镇住了，但是谈判也随之陷入了僵局。这时候刘云出面了，他首先对王珂说："不要过于冲动。要知道，我们是来解决问题的，不是来怄气的。这样吧，你先冷静一下，这里先交给我。相信大家都不想把事情搞糟的，事情总会得到解决。"就这样，王珂暂时离开了会场。刘云转过头来面对对方的谈判代表，心平气和地说："我的同事有点着急了，很不好意思。但是我们必须要承认，他说的并没有错。其实完全可以通过法律手段来追究贵公司的责任。但是我们觉得对簿公堂是对大家时间的浪费。我们既然来到这里，就是抱着万分的诚意来解决问题的。希望你们也拿出解决问题的诚意来。"

鉴于鑫鑫文具的态度，双方很快就关于彩色夜光笔的赔偿签署了赔偿协议。鑫鑫文具如愿得到了赔偿金。

通过"黑白脸"，以软硬兼施的方式来取得成功，不论在生活中还是在谈判中都被广泛地运用。一般情况下，是由一人在谈判中主演黑脸，强硬地坚持己方观点，甚至为此而开罪对方也在所不惜。通常由他来控制着谈判的过程不至于脱离原始的目标；而另一个人则持友善的态度，主演白脸，他会尽量迎合对方的思路，但又会时时提醒对方大家的目的是合作，同时还充当老好人，负责缓解谈判中的紧张气氛。主演白脸的人，在整个谈判过程中的作用，就是充当和事佬，诱使对方放弃警惕，使整个谈判维持在一个很融洽的气氛之中。其实，他所有的好都是演给别人看的，其真正的目的和黑脸是一样的。

第七章

时刻围绕利益共同点来交流

想要通过谈判的方式来愉快地解决危机，就要明白谈判的目的在于突出双方的共同利益，寻求彼此合作的可能性。所以在谈判的过程中、在双方的交流沟通中，一定要确保围绕双方的利益共同点进行，这样才能达到双赢目的。

31. 二八法则，谈判桌上的王牌

二八法则，也被称为80/20定律、巴莱特定律、帕列托定律、最省力法则和不平衡原则，它在社会学和企业管理学等领域有广泛应用。

二八法则是意大利经济学家帕列托在对19世纪英国人的财富及收益模式调查研究的基础上发现的一个微妙关系：少数人的手里聚集了大部分的财富，而且人数和财富还是以一种稳定的数学关系存在的。帕列托调查研究大量的具体事实后发现：社会上80%的财富集中掌握在20%的人手中。这就是说人口中的财富分配是不平衡的。

另外，这种不平衡的现象还广泛存在于我们的日常生活中，虽然不能精确到80%和20%，但也被统称为二八法则。在现实中，人们通常会对二八法则中处于顶端的20%进行讨论，而往往会忽略处于底部的80%。

找好解决问题关键的 20%，获得超过 80% 的利益

二八法则，在谈判过程中也有明显的体现。它是一种对实证法的量化，是对谈判双方付出和收益存在关系的计量。由于沟通的缺乏，谈判双方因为不明白对方的需求，导致谈判双方利用80%的时间就占谈判20%利益的次要问题进行讨价还价，造成大部分精力的浪费，却无法取得最佳效果。这就

需要谈判双方在开始谈判前对对方的需求进行实时了解，将时间和精力花费在关键项目上，以便争取事半功倍的效果。

下面是一个广泛流传于谈判界的小故事：

两个孩子在得到一个橙子后，就如何分配这个橙子发生了争执。这时候孩子的父亲提出了一个解决方案：为保证橙子分配的合理性，由其中的一个孩子切开橙子，由另一个孩子先进行挑选。就这样，两个孩子得到了各自满意的橙子。

但事实上，第一个孩子并不喜欢橙子果肉。他回家后先挖掉果肉，将橙子皮研碎后，加入面粉中做成了烤蛋糕，吃得津津有味。第二个孩子却将橙子剥肉榨果汁喝，而将他不要的橙子皮扔进了垃圾箱。

虽然他们每人都拿到了自己想要的橙子，整个过程看起来也是很公平，但事实上他们并没有充分利用到手的东西。究其原因，是他们在分橙子之前没有仔细沟通，也没有言明自己的利益所在。他们虽然达到了形式上的公平合理，但利益远远没有达到最大化。

在分配橙子之前，两个孩子如果能够充分交流沟通的话，则很有可能出现一个孩子得到整个橙子皮去做蛋糕，而用果肉榨果汁的孩子也能得到他所要的整个果肉。无形中，两个孩子不仅实现了自己利益最大化的方案，同时还满足了对方利益最大化的需要。其实这就是因为他们没有找好解决问题关键的20%，才导致了任何一方都没有获得超过80%的利益。

在现实的商务谈判中，类似的例子有很多。只知道一味固守自己立场、寸土不让的谈判人员并不一定就是一个好的谈判人员。好的谈判人员应该是能够与自己的谈判对手充分沟通，且能从双方利益最大化的角度提出解决方案，从而以较小让步博取最大利益的人。

在谈判过程中，20% 的分歧是通过 80% 的争执来解决的

在谈判的过程中，人们总会有说服自己谈判对手的欲望，甚至会为了无足轻重的细节问题而不惜争执，更会为对方做出的、哪怕是微不足道的让步而感到异常兴奋。所以为了能够取得对方的信任，在重要的环节上争取到利益最大化，重视技巧的谈判人员通常会在无关紧要的环节上对自己的谈判对手做出适当的让步。

比如在十项产品的订购谈判中，我们需要重点考虑的是其中占订购金额80%的两项。但需要注意的是，我们不妨在谈判开局时，首先把关注点放在看起来并不显眼的非关键利益的80%上，做出一副它很关键的模样，在对方力争时做出适当让步，通过这种让步来攫取重要项目谈判时的筹码。

在谈判过程中，如果能够合理、灵活地运用二八法则，会对取得和掌握谈判主动权起到至关重要的作用。这就代表，你能够通过20%的付出得到80%的利益上的实惠，而作为你的谈判对手，他可能与你恰恰相反，他将是在80%的时间内，对自己20%的利益进行维护和争取。

32. 想对方之所想，急对方之所急

换位思考是达成谈判时不可或缺的心理机制。在客观上，换位思考指的是我们从对方的立场上对问题进行体验和思考。它是一种情感的体验和思维方式的对接，是与对方进行情感沟通和增进理解的必由之路。

换位思考，是理解，更是关爱，有助于谈判双方之间的了解和信任。作为交往的基础，换位思考体现的是相互之间的理解和宽容。在谈判过程中，当我们能够更多地站在对方的角度上思考问题时，可以更好地了解谈判对手的需求和目标，从而能够在自身利益不受损害的前提下，尽最大努力来满足对方，达到双赢的目的。

在商务英语中，"换位思考"被称为"You-Attitude"，字面意思指的是"你方的态度"。美国著名学者亚历山大·奥康纳提出的"你应该以对方所希望的态度来对待他"被视为领导者应当遵循的"白金法则"，而这一法则在谈判过程中也同样适用。在谈判过程中，既要强化各种谈判策略应用，更应该主动地换位思考，只有能够做到想对方之所想，急对方之所急，才能够在满足本身利益和需求的同时，最大限度地获得双赢的谈判结果。要想真正地达成双赢，则换位思考应该贯穿谈判始终。

站在对方的立场上思考谈判

良好的开局与和谐融洽的会谈气氛是麦肯锡式谈判走向成功的重要因

素，而在面对面的谈判交锋中，换位思考则是其中不容忽视的沟通技巧。谈判双方都是受利益的驱使才坐下来谈判的。为了能够获得自己的利益，具有丰富经验的谈判人员通常会假设对手的选择。通过换位思考，我们可以明确对方是否具有与我方相同的谈判目的，从而分析出对手的谈判心理和动机。在以能够满足对方的要求为基础谈判时，要采取灵活的技巧，解决出现的所有问题。

在谈判的开始阶段，能够站在对方的立场上来对整个谈判进行分析，有助于了解对手目标和展开己方谈判工作。分析对手的利益和目标，综合考量、合理安排己方的谈判工作，从而争取双方利益的最大化。

利用换位思考的方式来挑战己方的偏见，创造双赢性结局

带有偏见性的收集信息是一种潜意识的倾向，要知道，讲实话也并不是一件简单容易的事情。通常情况下，受偏见影响，我们只会为谈判收集在自己看来较为重要的资料。但在现实中，这种先入为主的观念很有可能会导致整个谈判气氛的破坏。如果高估谈判对手的话，可能会导致自己情绪紧张；如果低估谈判对手的话，则有可能导致己方松懈；一味地坚持己方的观点和态度的话，很容易将谈判导入僵局中。

在谈判过程中，能够使自己站在对方的角度上进行换位思考，去分析他们可能需要了解的信息，并找出他们坚持之观点的论据才是正确的，而不是想方设法来证明他们的逻辑是如何错误的。

换位思考有助于我们预测谈判对手用来谈判的依据和策略，有助于我们对对方的优先权和利益需要做出正确评价，有助于我们综合双方利益分析出

己方观点的偏见性。同时利用换位思考的方式，站到对方的角度上，能够更好地看到自己观点的薄弱环节，从而进行谈判策略的及时调整，使之更加合理化。

在谈判过程中，通过换位思考，多听多问多调查，有助于了解对方意愿以及克服因文化背景、思维方式等所引发的偏见。总而言之，换位思考有助于谈判双方双赢性最终协议的达成。

换位思考有助于谈判目标的实现

当谈判陷入僵局时，达成谈判目标也就会变得遥远。那么，为什么谈判会陷入僵局呢？究其原因，无非就是谈判人员看问题过于局限。当他们能够易地以处，通过换位思考的方式，从对方的角度去考虑所面对的问题时，就会产生克服谈判过程中强烈的自我意识的想法，那么整个谈判的过程就会变得很容易，谈判气氛也会很融洽，这时候距离双赢的谈判目标也就很近了。

当处于对立面的双方能够站在对方立场上去对谈判进行深入思考时，整个谈判的过程就会因为彼此间的相互谅解，而变得更加融洽和谐，更容易达成一致。

处于谈判中的谈判人员能够巧妙地通过换位思考的方式来对自己进行剖析，从而达成与自己的谈判对手相一致意见时，整个谈判也就相对容易得多了。在谈判过程中，转化己方立场，比尝试让对方的立场向己方转让，要相对容易得多。

33. 避免对抗性谈判，别把想法强加于人

谈判的整个基调是由谈判开始时的表现所确定的，谈判的双方可以从对方的言谈举止中，对于对方是否有达成双赢方案的意向做出初步判断，或是尽最大努力去争取己方的利益最大化。但需要注意的是，决不能试图以自己的想法去改变谈判对手的想法，从而导致对抗性谈判的形成。在谈判的过程中，这种将己方想法强加于人的对抗性谈判，是需要极力避免的。

自始至终只关注自己的利益会带来对抗性谈判

谈判能够做到双赢才能算是一场成功的谈判。无论是单方面的盈利还是在损害对方利益的基础上达成自己目的的谈判，都被看作是失败的。在谈判过程中，一味地坚持自己的观点和需求，而对对方的利益视而不见，将会导致谈判最终成为一场欺诈的口水之战，所以在谈判的过程中，我们应该竭尽全力地使用各种技巧来赢得最终谈判，这时还要满足对方的需求，使对方也觉得自己赢得了这场谈判才好。要知道一次谈判的成功完成并不是合作的结束，它很有可能是下次生意的一个开始，谈判的终极目的是寻求发展和更为长远的利益，是谈判双方对合作共同点、共同利益的找寻。

对抗性谈判与莽夫打架无异

谈判中的律师往往都是对抗型的谈判人员。当你看到白信封左上角突起

的黑字时，会不由得想："律师函，这是为什么呢？"当你打开信封时，映入眼帘的是一行威胁的字眼：当他们的××要求得不到满足时，他会选择什么样的手段来对付你。

曾经有一个为50名律师举行的关于医疗事故诉讼谈判的培训课，要知道虽然谈判是律师的主要工作，但是参加谈判培训却是每一位律师都很反感的事情。律师们所在的律师事务所以"不参加本次培训，将很难再接到案子"为理由，强制要求他们参加培训。面对这样的理由，虽然大家不喜欢将周末的时间花费在培训上，但律师们还是不得不做出了让步。在培训的开始阶段，律师们投入了巨大的兴趣。首先讨论的是因为一起医疗事故，修女起诉外科医生的案例。在案件的讨论展开后，气势逼人的律师就展开了对对方的威胁，并随着谈判的深入而逐渐深化，最后竟然导致双方破口大骂，于是不得不中止讨论。

在这个例子中的律师们，显然是过于注重己方利益，试图以自己的想法来改变对方，从而导致整个谈判走向对抗性，这种一味强调己方利益，而忽视（至少是不重视）双方共同利益的做法，直接导致谈判走向了对抗，发展到竟然像泼妇般地破口大骂，这显然是不可取的。

"感知、感受、发现"，从对抗到双赢

在谈判开始阶段，作为谈判的一方应该小心翼翼地与谈判对手进行交流沟通，并明确为能够以较低的成本来完成谈判的话，大家没有必要将咄咄逼人的气势直接展示在开始阶段的谈判中，试图以自己的想法来强制性地施加给别人是不合理的。

即便是完全否定对方的说法，也不能立即做出反驳。因为这样的做法，其实就是以自己的想法强制性地施加给对方，只能起到帮助对方强化他们立场的反面作用。

最好的办法是采用首先表示对对方的认同，然后以"感知、感受、发现"的方式来向谈判对手表述自己的意见。

英国前首相温斯顿·丘吉尔就是一个擅长使用先同意对方观点，再进行反驳的方式来赢得谈判的人。这位著名的政治家还是一个很有名的酒鬼——他很喜欢喝酒。为此，丘吉尔常常与倡导禁酒的阿斯托夫人发生争执。

有一次，看到丘吉尔在喝酒，阿斯托夫人走上前，毫不留情地对他说道："你又喝醉了，温斯顿。你简直讨厌死了！"

面对气势咄咄逼人的阿斯顿夫人，丘吉尔马上说道："您说得对极了，阿斯顿夫人。喝醉了的我是令人讨厌的，但是明天酒醒后就好了。但是你就不然了，即使没有喝醉，你也会一直是被别人所讨厌的！"

在现实生活中，如果你对一个人发起攻击的话，很自然地会受到对方的反击。同样的道理，面对反驳你的谈判对手，也会从自己的立场进行捍卫。因此，若是想要淡化对方的这种竞争心态，不妨直接告诉他："对于你的感受我完全理解，相信大家也都有同感。但需要明确的是，在这个问题中还存在下面的几个不足……"

例如，在产品的推销过程中，客户往往可能会认为你所要求的价格过高，为对方所不能接受，甚至还会举出各式各样例子来证明你的观点是如何的错误。这时候，你可以采用这样的方式来告诉他："对于你的感受，我们也很认同。但是如果对我们的产品和价格进行认真分析后，你就会发现我们的产品的性价比还是很合理的。"

另外，通过"感知、感受、发现"，我们可以用更多的时间去进行思考。如你在酒吧喝酒的时候，忽然出现一个女士跟你说："当世界只有你一个男人时，也别想我会请你喝酒。"由于此前没人跟你说过同样的话，这时候的你应该是感到震惊的。但通过"感知、感受、发现"的方法，我们可以对对方首先表示认同，"是的，不止一个人跟你有同样的感受""但是，我发现……"接下来恢复了镇定状态的你，一定能做到很好地发挥的。

在谈判过程中，一味地强调和追求单方面的利益最大化，只能使谈判陷入僵局，它无助于谈判走向成功；只有谈判的双方都对彼此间的共同利益进行关注，站在共同利益的角度上来考虑，才能够促使谈判走向良性发展，从而走向双赢的最终结局。

34. 谈谈"如果"，刺激双方追求利益最大化

对于那些只着眼眼前的利益的谈判对手，要说服他们从长远利益和彼此之间的合作前景来进行考虑，从而接受己方合理化的意见和建议是很有必要

的。在谈判中，为自己的谈判对手勾勒出长远利益和合作前景方面的美好未来，能够很容易让对方对此产生共鸣，从而激发起对方与我方进行谈判的兴趣和积极性。而且还能够对谈判的结果造成巨大影响，甚至能直接导致谈判对手谈判态度及谈判立场的改变，从而促进对方能够与我方达成更为有利的合作协议。

　　某灯泡生产公司在成立之初，由于没有品牌效应和优势的价格，导致其销售情况十分惨淡。如果任由这种局面一如既往地发展下去的话，等待公司的只剩下破产这一条路了。这时候为了能够顺利打开销路，并全面占领销售市场，公司的董事长决定去各地进行旅行推销，希望以此来促进各地代理商与公司之间的积极合作。

　　这天，在公司的代理商大会上，董事长向大家介绍了公司的新产品，并同时进行了合作意向的谈判。董事长向所有参与谈判的代理商说："这项技术是我们公司多年来潜心研究和开发出来的，它可以看作是对人类大有前途的一种新产品，并且该产品的投产试用已顺利完成。虽然目前看来，它还称不上是一流的产品，但是我希望各位能够用第一流产品的价格来跟我们公司进行订货。"

　　面对董事长的这种说辞，各位代理商议论纷纷："有没有搞错啊？凭什么要我们为二流的产品付出一流的价格？""就是啊！既然你们自己也认为自己的产品距离一流产品有差距，那么交易就应该使用二流的销售价格嘛！"……

董事长不为所动，继续他的理论推销："我也知道这个建议，可能让在座的各位很难理解，但是我还是希望大家能够认可我的观点。大家都知道，目前国内的灯泡制造业是被一家公司所垄断的，不但全国的销售市场都是他们的，就连产品的定价权也在他们手里。这就是说，我们大家都是被他们牵着鼻子走的，就算是他们恶意提高销售价格，我们也只能捏着鼻子认可，毫无抵制的办法。大家可以想一下，如果在市场上出现了一款同样质量优良的灯泡，而且价格更加优惠的话，这应该被看作是大家的福音吧！毕竟，没有谁还会愿意去接受那家企业的价格垄断，从而影响自己的销售前景吧！"

听到董事长的解释，所有的经销商都纷纷点头认可。接下来的时间，董事长又给大家讲了一个拳击的例子：纵横拳坛无敌手的美国拳王泰森，因为遇不上实力相当的对手，而不能为观众展示出一场令人满意的比赛。同样的道理，如果在灯泡制造行业有一个具有足够实力的公司来与那家垄断企业进行竞争的话，相信一定能够导致灯泡价格的下降，从而真正地实现让利于广大销售商的目标。

在得到大家的一致赞同后，董事长向大家摊开了自己的底牌：之所以现在我们公司制造不出一流的产品，究其根本原因，是因为本公司成立时间尚短，没有足够的财力作为技术改进和突破的依托。所以才希望大家能够以一流价格来采购我们的产品，尽快让我们能够筹措出用于技术改进的资金。这样的话，我们公司一定能够在不久的将来研发出足够一流的产品来推向市场，相信那时候受惠的还是大家。

董事长的话音刚落，一阵热烈的掌声响起来了，董事长大胆的假设思路引起了广大代理商的一致认可，也就收到了良好的谈判效果。就这样，一份份的合作协议在愉快而热烈的气氛中顺利达成，而灯泡的生产厂家成了这次大会的最大赢家。

灯泡生产厂商利用对行业未来市场的分析预测，扭转了自己谈判中的劣势局面，从而成功地为自己的二流产品争来了一流的销售价格，而且还利用大家所期待的市场竞争局面，在本次与会的经销商心目中种下了本公司优惠客户和长期伙伴的种子。

在现实的谈判过程中，假设要建立在事实的基础之上，事实是进行假设拟定的必需要素之一。事实基础越多，假设的可信性也就越大。以事实为依据的假设，能够对于谈判人员走向成功起到极大的辅助作用。在谈判的过程中，当发现己方的假设不可取时，要及时打断，并进行纠正，从而避免导致更大的错误，带来不必要的损失。

要想提高谈判过程中假设的可信度，不妨将假设的重中之重放置在谈判对手的思路和可能的谈判预案上，而不是一味地纠缠于谈判的论点和细节上。毕竟与你谈判的主体是人，而不是事，对人而不对事的假设，将更具合理性和安全性。

在谈判的过程中，充分利用谈判对手逐利的心理，巧妙地运用假设手法，使谈判对手沉浸在假定的美好幻想中，将有利于己方所追求的利益维护。

35. 善于借助"中立的第三方"

在拖沓冗长的谈判中，谋划出一个彼此都能接受的双赢局面是很有必要的。大家能够坐下来，花费这么长的时间来进行谈判，所追求的无非就是利益。不能够获得令人满意的利益，对方是没有必要跟你进行如此冗长的谈判的，所以在谈判过程中要把考虑对方的感受和自己的利益，放在同等重要的位置上。只有这样才能让对方感觉到你合作的诚意，才能够维持双方的长期合作，从而创造更高的价值。

当谈判过程陷入僵局之中，当无法仅仅凭借谈判双方的力量来完成谈判，进而达成一致意见，而且再坚持下去，将会使谈判的双方陷入彼此间的相互指责和抨击时，通过幕后的谈判操手或是中立的第三方，来对谈判双方不能在谈判桌上解决的问题进行调解和磋商是很有必要的。

王辉在网络上看到一份房屋的销售广告，感觉到无论是位置还是户型都很满意。而且卖主的销售信息并没有在任何房产中介进行登记过，而是直接在网络上发布的。

王辉在与房主肖凯见面后，双方虽然都有成交的意愿，但却因为房屋价格的问题而在较长时间无法达到统一。买方王辉认为这栋房子的价格应该在35万元左右；而卖方肖凯却认为自己的房子至少价值45万元以上。

为了能够达成买卖意向，双方相约选定了本地一家具有权威性的房产评估公司，请这家公司来为这栋房子做出公平而合理的价格评估。

不久，房产评估公司就对这栋房子做出了评估：38.5万元。同时还出具了房屋评估的相关依据。就这样，王辉和肖凯都表示能够接受这一评估价，于是双方很快就达成了交易。

在这个案例中，买卖双方虽然都有进行交易的意向，但是却因为无法就价格争议达成一致，这时候通过中立的第三方——权威性房产评估公司来对房屋的价格进行评估，从而解决了双方的争议问题，达成了双赢性的结局。

在现实谈判过程中，幕后策应的形式有高级会晤、第三方斡旋、仲裁判决等，主要用于解决方向的决定和僵局等问题。

高级会晤

高级会晤指的是代表公司、企业、科室部门领导及所属国政府高官间的会谈。多用于解决不同性质的交易障碍。及商务条件和价格限制、进出口限制、外汇管理、双边政策等问题。为避免谈判陷入混乱，不应过早启动行政干预。符合时宜、针对性和一致性强的高级会晤对谈判能起到积极的推动作用。

第三方斡旋

第三方斡旋为中间周旋，指的是双方高级领导或直接领导之外的人为促进谈判协议的达成而做的工作，第三方斡旋以沟通思想和协调彼此关系为主要目的，体现的是公正和坦诚的风格。第三方斡旋在谈判过程中出现的时间是不确定的，它既可以是谈判之初，又可以是谈判之中，更可以是谈判之末。第三方人员多以顾问的形式出现。

当谈判出现僵局时，引入第三方以调解人的身份进行斡旋，是很有必要的。通常情况下，调解人都是充当催化剂，来协调谈判双方达成争议问题的解决方案，他只不过是帮助谈判的双方去寻找双方都认为较为合理的问题解决方案而已，并不具有仲裁机构的权限。

谈判经验不足的人员在谈判过程中，往往怕被认为不懂谈判，而不乐意去邀请调解人员；但作为资深谈判人员却恰恰持相反的观点，在这些资深谈判人员看来，作为第三方出现的调解人员通常情况下也是经验丰富的谈判高手，要求他们来进行调解，也不失为一种解决谈判双方争议的一种有效手段。

作为调解人出现的第三方，之所以能够发挥作用，其中的关键在于他的中立性，一方所请的第三方调解人要得到谈判对手的认可，是需要特别注意的。首先，需要确认他在谈判对手心目中的"中立"地位，所以在开始阶段很有可能会向对方做出一定程度上的让步，这也是很有必要的。

另外，即使调解人对双方的争议一清二楚，为树立和明确自己毫无偏见的形象，在进行调解前，应该给予谈判双方以申辩的机会，而申辩的双方则应该注意避免使用"我们"之类的敏感字眼，以避免因此而引起对方对第三方调解人中立身份的质疑。

仲裁机构的仲裁或是法院的判决

仲裁机构的仲裁或是法院的判决也属于中立的第三方。仲裁指的是发生纠纷的买卖双方有签订的书面协议，因不能自行调解而将纠纷交给双方都认可的第三方来进行裁决的纠纷解决方式。仲裁是建立在当事人自愿基础上，由非司法机构的第三方来审理完成的，第三方所做出的裁决对纠纷的双方具有一定的约束力。在本质上，仲裁是一种同时具有民间性、自治性、契约性和准司法性的纠纷解决方案，当双方没有协议时，也就无从仲裁、无从受理了。

法院与仲裁机构的不同之处在于，它具有国家赋予的审判权。在谈判双方无法达成一致协议的前提下，当一方当事人向具有审判管辖权力的法院提出诉讼时，在法院受理诉讼后，另一方必须要到庭应诉。

当谈判的双方达不成一致意见，导致问题无法解决时，应该交由具有相应管辖权的法院来进行审理。但需要注意的是，法院的判决是用大量的时间和大笔的金钱来做筹码的。往往当法院进行判决后，人们又常会发出疑问："到底是谁赢得了这场官司呢？估计得到直接益处的就是律师了。"因此不到万不得已，最好还是不要诉诸法律。

在现实的谈判过程中，当谈判的双方不能就谈判内容达成一致意见时，引入中立的第三方进行调解，或是要求仲裁机构进行仲裁、向法院提起诉讼等等借助第三方手段，来对谈判双方的利益进行集中分配是很有必要的。

36. 谈判决裂时的次优策略——"BATNA"战略

在麦肯锡式谈判的过程中，当谈判双方的共同利益不能明显表现出来，谈判趋于决裂时，作为谈判的双方退而求其次、谋求双方共同利益中有望实现的那一小部分，是很有必要的。因为在这种情况下，追求彼此间的合作意向的重要性要远远超过双方对共同利益的追求。

何为次优策略

次优策略是由著名经济学家利普西和兰卡斯特共同创立的。其内容被通俗地表述为：假设达到帕累托最优状态需要共同满足10个不同的假设条件的话，当其中的某一个或几个条件不能得到满足时，与其选择放弃，不如选择能够满足剩余条件的次优状态；但需要注意的是满足9个假定条件的次优状态，并不一定比同时满足四五个条件的次优条件更接近最优状态。

"BATNA"方案的概念

"BATNA"（Best Alternative to a Negotiated Agreement），即最佳替代方案，指的是当前进行的谈判，除目前的谈判结果外，达成其他结果的可能性微不足道时，作为谈判人员有责任和义务将谈判坚持下去，而不是选择放弃。

最佳替代方案的选取，取决于谈判人员对谈判底线或谈判临界点的设定。因为在他看来，只要是超过谈判底线或临界点的谈判条件，都是可以被接受的。

"谈判协议中的最佳替代方案"最早出现在罗杰·费舍尔与威廉·尤里合著的《实现正确》一书中，它反映的是当被提出的交易不能实现时，当事人有可能采取的行动方案，通常作为谈判战略中的一个关键性因素存在。

在谈判过程中，每个人对最佳替代方案的判断，因为个人谈判底线和临界点的不同而有所差异。需要注意的是，位于临界点之上的任何超出其预期的谈判条件，都是双方所能接受的。在谈判过程中，能够提出一个能够为对方所认同的谈判替代方案的一方，无疑在谈判中将会更有优势。能够对自己及对手的谈判协议最佳替代方案进行了解，将有助于谈判走向成功。这种看似简单的绝佳方法，为谈判人员提供了谈判的底线，谈判人员能够以此作为基础来决定自己是否要接受谈判所得出的结果。

谈判濒临决裂时，"BATNA"方案的提出

在谈判过程中，当谈判双方无法就双方共同利益达成一致意见时，及时推出"BATNA"方案，以期获得己方的次优利益，是很有必要的。

（1）事先搞清楚自己的最佳替代方案

最佳替代方案是在无法达成预期谈判目标的情况时的一种应对方案，是可能发生的情况的一种预测。在谈判展开前，作为谈判人员一定要搞清楚自己的最佳替代方案，只有这样你才能更好地知道自己所达成的交易是否合理，以及谈判该在什么情况下结束。在谈判开始前不能弄明白自己最佳替代方案的谈判人员，会使自己在谈判中处于劣势，同时由于受乐观情绪影响，

他们很有可能会错失一些实际上远比自己的最终选择更为优秀的条件。

这里有一个案例：

李明在市场上以超过60万元的价格对一套自己具有所有权的房子进行销售。就在他挂牌销售的第一个星期内，他收到的认购意向是一个出价59万元的买家，但是这个买家遭到了李明的拒绝，李明坚持认为自己房子的市值已经超过了60万元。

但是随着整个销售旺季的过去，那些有意向购买他房子的买主都没把价格定到58万元以上。眼看下一个销售高峰又来临了，这时候他要想卖掉自己的房子，就要重新考虑自己的售价方案了，显然这时再坚持60万元，是有点不现实了。

不过需要注意的是，他即使在第二个销售高峰能够顺利地以60万元的售价卖掉自己的房子，那么如果除去两个销售峰期之间他所要支付银行的1万元贷款费用，再加上他在两个销售峰期之间的心理压力和紧张的成本，显然李明要吃亏了。

由此可见，如果你所确定的最佳替代方案好过当前的交易收益时，可以选择继续等待，因为你的最佳替代方案是你进行交易谈判的指导方针，它适用于谈判的整个过程。为避免不必要的伤心和失望，谈判人员应该在谈判的准备阶段就考虑好自己的最佳替代方案，而不是一直让它悬而不决，从而影响我们的谈判结果；要知道一旦在提议或讨价还价阶段仍无法确定最佳替代方案，将会导致我们对谈判判断力的丧失，从而使谈判重新走回到争论阶段。

（2）随机应变的最佳替代方案

在谈判过程中，最佳替代方案是可以根据谈判的进程，随时做出修改和完善的。无论是哪一方的谈判最佳替代方案修改都应该是参照谈判双方的意见进行的，单纯地依照一方意见完善的替代方案，是不能称之为最佳替代方案的，因为这种方案很有可能是得不到自己谈判对手的认可的。

在谈判过程中，对你的不利谈判协议最佳替代方案做出的任何改善，都是有助于己方谈判地位提升。在谈判过程中，如果能够提出一种改善自己谈判协议最佳方案的预案，且明确它要强于对方的任何条件时，就一定要及时提出。这将有助于对方清楚明白地了解你在整个谈判过程中的强势地位。

分析和判断对方的谈判协议最佳替代方案，将有助于己方谈判能力的提升。将对方与己方在同一谈判中的谈判最佳协议替代方案进行分析比较，选择最为有利的方案执行。如果能准确地评估出谈判对手谈判协议最佳替代方案的话，那么无疑将会使己方在谈判中居于主导地位。

清楚地了解对方的谈判协议最佳替代方案有助于己方对谈判底线的分析和把握，除对对方谈判协议最佳替代方案的了解外，同样重要的还有对对方行业、公司架构、广泛关注点、其他交易、交易目的等的了解，而且了解得越多，越有助于己方适合于对方需求的最佳替代方案的提出。

当谈判濒临破裂时，通过提出"BATNA"方案的方法，来执行次优策略，对于双方谈判的维持是很有必要的。这时候需要维持的不仅仅是一次的谈判结果，甚至你得到的是一个长期合作的客户。

第八章

该说的别落下，不该说的别出口

在谈判过程中，根据谈判对象、谈判目的的不同，什么该说，什么不该说，什么能说，什么不能说，都是具有各不相同的特点的。在面对不同的谈判对象、为不同的谈判目的而进行谈判时，该说的千万不能落下，而不该说的一旦说出口，也会出现祸从口出的情况。这一章你将学会利用麦肯锡的经验和理念来做一个在谈判中说话很有意义的人。

37. 先理清思路，再去灌输意图

在谈判过程中，根据谈判目的的不同，而选用不同的谈判思路去向自己的谈判对手灌输不同的意识是很有必要的。思路是什么，它就像是一根非常明显的线一样，引领着你走向真正的成功。在谈判时，注意说话的思路就是要注意目的性、对象性、内容性。

谈判时说话的目的性要明确

作为谈判的基本条件，要想把话说得清晰明白，那么就要注意说话的目的性。我们说话的目的无非就是想说明一些事情，从而起到感动人、说服人的目的，继而使别人萌发出兴趣，做出有价值的行动。在谈判中，讲话目的性是十分清晰明了的，将其总结出来无非就是如下几种：

第一，劝服自己的谈判对手；

第二，驳斥自己的谈判对手；

第三，压制自己的谈判对手；

第四，安抚自己的谈判对手；

第五，征求谈判对手的意见建议；

第六，要求谈判对手做出合理性让步。

在进行谈判的过程中、在进行双方对话之前，首先必须明确的就是自己的谈判目的。只有根据谈判目的做出的针对性明确的谈话，才有可能去打动自己的谈判对手，实现自己的谈判既定目标。

谈判时说话的对象性要准确

在谈判进行过程中，当你的谈判对手团队同时拥有多名队员时，那么谈判发言时指明针对目标是很有必要的，只有做到对象性的准确无误，才能够避免因为说话对象的泛指，而无法引起对方成员的注意。或是直接选择错了说话的对象，造成在你的一番口若悬河的说辞之后，对方却无动于衷的情况。比如，当一位知名学者面向一群大学生做演讲报告时，很容易造成轰动性的效果；但他的演讲报告对象换成一群工人时，则很有可能会导致失败。

曾经有一位美国的国会议员向他的听众报告美国的战备情况。在这里，他演讲的目的无非就是将整个战备情况向听众进行阐明，而广大的听众只想得到有些趣味性的话题，而不是聆听他的教训。

在最初的阶段，大家只是默默地忍受着，从内心深处，希望他能够快点讲完。但是做演讲的议员却没有这方面的觉悟。当广大听众感到忍无可忍的时候，就有人出来对他进行恶意鼓掌、欢呼的讽刺。

又过了一会儿，口哨声和呐喊声都响起来了，但这位没有一点觉悟的演讲者，并没有搞清楚听众的心理，他依然按照自己的思路一如既往地进行下去，终于激怒了广大的听众。怒涛般的喊声响起来，彻底压倒了演讲者的声音。

演讲者只能承认失败，在一片奚落声中羞愧万分地走下演讲台。

国会议员显然就是因为忽略了演讲对象的群体性特点，一味地按照自己的思路进行演讲，使演讲失去了针对性，从而导致了失败。从这个例子中，不难看出针对不同的对象选用不同的针对性策略是很重要的。

要比别人更加了解你自己在说什么

当你拥有足够丰富的思想和学识而不能向别人讲述清楚时，明白的只是你自己，别人却未必都能明白。因为在现实生活中，要想让人们对一种全新的观念理解是需要一定时间的，而且在整个过程中他们都必须集中注意力才行。

美国著名政治家柏筹安曾经说过："你自己尚且没有搞明白的问题，是无论如何也不能给别人讲清楚的；同样的道理，当你能够清楚地认清一个问题时，你也就能够很容易地给别人讲清楚了。"把将要出口的话先在心里给自己说一遍，看看是否需要润色，这样将有助于你更好地理解自己所要传达的内容，而不至于说着说着就跑题了，有助于谈判对方更好地、更直观地对你的想法进行理解和接受。

假如我们简单地说一句："通常情况下，有很多的职业男女能够赚取到的薪水是惊人的！"可能我们自己心里也清楚，这样宽泛、模糊、苍白无力的一句话根本没有什么说服力，难以给人们留下什么印象，更谈不上能够唤起人们心中的共鸣了。但是如果我们能够适当地举出一些实际中的例子来，将无疑更加具有说服力。比如我们可以说："很多律师、运动员、剧作家、小说家、画家、作曲家、歌唱家及喜剧演员，有着比美国总统更为丰厚的收入。"这样的表述就相对清晰多了。

　　为了给人们留下更为深刻的印象，我们不妨再举几个例子来说明一下："大律师马克斯史蒂和桑姆安德莱每年都有百万元的收入；大拳王邓波塞的年收入为50万元；20岁时的黑人拳击手约翰·路易士的年收入也在50万元以上；伊尔父柏林的乐队年收入达50万元；狄雅古筹华拉通过绘画每年可赚到50多万元；戏剧家凯萨琳·康尼曾经拒绝过5000元的周薪；作为电影明星，伦斯贴贝和葛莉斯·慕尔两人的年收入为25万元。"这一个个生动而具体的数据，让你的表述变得更加清晰，同时也留给了听众更加具体而有趣的印象，获得了他们的认同。

　　在谈判过程中，如何使自己的谈判语言变得富有逻辑性、生动而具体，以便能够更好地让自己的谈判对手理解和明白，这是很重要的。当我们无法用自己所组织的语言来说服自己时，那么用这样混乱不堪的语言来试图向自己的谈判对手进行灌输和说服，则无疑更是天方夜谭。

38. 图文并茂，更具感染力和冲击力

　　在谈判过程中，当我们无法只是凭借简单的口头语言描述来说服自己的谈判对手时，不妨考虑借助一些手段来为谈判对手进行图文并茂的解析，从而使己方的语言具有更强的感染力和冲击力，而不是试图通过红口白牙地进行生硬的表述去打动对方。其中，多媒体的应用便是"图"，各种修辞方法的应用便是"文"，搞好这两项内容，你的话、你的观点、你的建议就会变

得栩栩如生，能够更加容易地被对方所接受。

借助多媒体的帮助，成为 PPT 的高手

作为表达方式的一种，多媒体的利用频率也是很高的。它突破了传统展示的单一模式，增加了图形、列表、影像、动画等或静或动的信息形式，并以计算机集成处理的方式来将这些多媒体信息合称为一种结合体，将原本以文字描述的抽象概念，用动画的形式进行模拟，增加了可信度，提高了说服力。在谈判过程中，经过良好构思的多媒体资料，能够很好地来展示己方的谈判意图，更好地为己方的谈判观点做出证明，同时也使得谈判双方的交流更加迅速快捷、清晰明了。

在麦肯锡式谈判中，采用多媒体演示的手段进行说明，具有如下的特点：

第一，这种以演示代替说明的方式，能够最大程度上集中谈判对手的注意力。

第二，通过这种直接的手段进行演示，向自己的谈判对手阐述自己的观点，能够最大限度地让对方顺着自己的思路去思考，起到引导对方思想的作用，使自己在谈判中居于主导地位。

但是需要注意的是，构思和设计不好的多媒体内容，不但不能很好地为己方所要说明的问题进行证明，反而会让对方陷入理解误区，从而起到事倍功半的效果，甚至出现南辕北辙的现象，也是极有可能的。

比喻、类比，通俗易懂的表达方式

当你所阐述的东西不能为你的谈判对手所熟知时，不妨换用对他们来讲

更为具体的方法来增进他们的了解。也就是对于人们所未知的事物，采用人们所熟知的事物来进行形容。

当牧师为非洲的热带居民翻译《圣经》时，如果直接按照原文翻译的话就会出现这样的偏差："你们深红的罪恶，其实也是可以像雪一样洁白的。"面对这句话，长期生活在热带的土人们变得不知所措了，他们根本没有见过所谓的雪，不知道那是个什么东西，更无法去形成雪的颜色与煤的颜色之间的区别。他们最为常见的白色就是椰子肉了。于是，聪明的牧师在翻译这句话时，巧妙地转换，将其翻译为："你们深红的罪恶，其实也是可以如同椰子肉般洁白的。"听到这里，非洲的土著人也都明白这到底是什么意思了。

在讲道的过程中，耶稣采用比喻的方法来对事实进行说明，比如在对天国进行描述时，耶稣告诉妇女天国就是酵母，当你拿来放在面里时，终会有全发起来的时候；在对商人进行描述时，则说天国就是你们所追寻的好珠子；面对渔人，耶稣给出的则是天国好像渔网落入大海一般。通过这种形象的比喻，耶稣让每个星期都接触酵母的妇女、常常从事珠宝贸易的商人和每日抛网入海的渔人都对天国有了一个形象的理解。

大卫在向人们描述上帝耶和华的谨慎与博爱精神时，是这么向草原上的牧人讲述的："对于我而言，耶和华就是一个牧羊人，通过他，我可以卧伏在青草地上，可以安歇在水边，更可以在荒凉不毛的沙漠中寻找到那青青的绿草和可饮的净水……"而这一切，恰恰是牧人们所熟知的东西。

当你向自己的听众描述那伟大的埃及象征金字塔时，你不妨先告诉他们金字塔有137米的高度，首先确定一个数字的概念，然后选择他们所熟知的日常建筑来向他们描述，从而使他们对137米这个数字有一个形象的概念。

如就金字塔的基座而言，大致相当于咱们城里从哪个街道到哪个街道的距离、大致相当于多少幢房屋。

如果简单地给出什么加仑、桶之类的数字概念，当你用这些干枯的数字来对事物进行形容时，远不如使用更为形象一点的比喻来得生动，如明确地告诉自己的观众，所谓的××加仑，大致就相当咱们这个礼堂一半的空间，也就是说从第几排座椅一直到第几排座椅这般的大小。

这样具体而现实的比较，反而比那些精准的数字更能说明问题。虽然你的职业可能是专业性的，但当你面对一群普通人说话时，一定要注意尽量避免使用专业名词，就是对那些普通的名词也应该加以详细的解释。因为有很多的著名谈判专家就是因为在这方面的大意，而遭到了自己谈判生涯中的滑铁卢。所以我们在向自己的谈判对手进行描述时，不妨抛开那些专用名词，使用这种比喻和类比方法，从而使我们的要求变得更为清晰明了。

建议谈判新手可以选择听众中知识最为浅薄的人来培养他对于你讲话的兴趣，这将对你的谈判能力培养是一种很有意义的练习。因为在面对知识浅薄的人时，你必须使用最为清晰的字句来阐明事实、解释道理，才能够使其感兴趣。所以为使对方能够明白我们的意思，我们有必要采用不同的语言，通过不同的修辞手法来满足听众，只有这样才不会让对方感到厌烦。

在谈判过程中，根据谈判对象的不同，恰当地选择不同的修饰手法使自己的描述变得更加直白、生动、具体，将有助于提高谈判对象对自己说话的兴趣，从而达到更好地进行沟通的目的。

39. 没有必要向对手传达全部事实

谈判就像游戏一样，它是有其固有规则的。谎言是众所周知的违反谈判规则的一种做法。但需要注意的是，在谈判过程中，向自己的谈判对手全盘托出己方的所有底牌更是不可取的。

过于诚实的坏处

从很小的时候，我们就一直被教导：无论什么场合下，试图通过欺诈的手段来为自己谋取利益都是不可取的。之所以这样说，也是出于自我保护的目的。比如当你在一家文具店里购买一支价值50元的钢笔时，如果你为了使对方降价卖给你，刻意欺骗对方说："同样的一支钢笔在你隔壁的店里，他们只卖到10元。"如果这不是事实的话，最好不要贸然说出来。因为钢笔的价值是固定的，而两个文具店的利润也差不多是透明的。也就是说隔壁店里的价格相对于这家文具店的店员来说，并不是陌生的。当谎言被戳穿以后，就会使自己的说法丧失说服力，很有可能会直接导致双方交易的失败，或者迫使自己不得不做出让步。

虽然在谈判的过程中不能使用欺诈的手段，但这并不是说要向自己的对手坦陈全面的事实，因为一旦对方了解你的所有底牌，那么谈判也就失去了意义，将会使你自己失去了谈判周旋的余地，陷入谈判的被动局面之中。

曾经有这样一个例子，这天下午汤姆先生家的厨房因为洗碗机漏水而被水淹了，因为洗碗机已经很旧了，考虑到即使修好恐怕也会很快再出现其他的问题，所以汤姆夫妇决定利用下午的时间去商场选购一台新的。

如果将孩子独自放在家里，又让人感到很不放心。于是汤姆夫妇就带着孩子去了附近的一家大型电器商场。这是一家在当地很有名气的商场，该商场承诺会在第二天对客户送货上门并负责安装。但由于时间的关系，他们到商场的时候已经是傍晚时分了，距离商场打烊还有不到一个小时的时间。

当来到洗碗机柜台的时候，汤姆夫人迫不及待地告诉店员："我们家里的洗碗机坏掉了，我们想买一台新的，不知道你能不能给我们推荐一款经济实惠的；再有就是我希望你们能够明天一早就给我们去安装。"

"好的，没问题。您看这款怎么样？这是我们这里的最新款，也是销售最好的一款。"店员热心地帮着邻居介绍。

"啊，好的。可是居然要5700元，能不能给我们便宜一点呢？"汤姆先生问道。

"不好意思，这已经是我们的最低价了。现在这款是进行促销的产品。价格方面，确实是不能再便宜了。"店员坚持道。

就这样，汤姆先生只好用5700元的价格买回了那台洗碗机。

其实，我们仔细考虑一下就会发现，在整个过程中，汤姆一家犯了如下的几个错误：

第一，不应该在第一时间向店员透露自己家洗碗机已经破损的信息；

第二，不应该带着孩子去商场；

第三，不应该在临近打烊的时间里去商场选购。

家里的洗碗机坏掉了，这就使得买洗碗机成了必然；带着孩子去采购，说明这是生活必需品；在临近打烊的时间里去采购，为自己预留的选择时间已经很短，不要说去其他商场采购，就是这个商场的柜台也未必能看得完。所有的这一切，导致汤姆先生必须在最短的时间内、在这个商场完成洗碗机的采购。这就使得店员有了坚持不给打折的底气。如果汤姆先生去商场的时间是上午或是中午，那么相信情况一定会有所改观的。

由此可见，在谈判过程中，保持一定的底牌是很有必要的。在谈判过程中，一旦揭开了自己的底牌，也就使自己失去了讨价还价的余地，这就导致谈判将不得不围绕对方进行，甚至被别人牵着鼻子走，从而使己方丧失了主动性。为了避免出现这种局面，你没有必要向对手传达关于自己的全部事实，尤其是有关危机和困境方面的内容，比如自己的公司正在生死存亡之际，如果谈判失败，肯定会倒闭无疑。要记得，有所保留不等于欺骗，这是一种明智的自我保护。

40. 怎样把拒绝说得更容易令人接受

在通常情况下，让步和拒绝充斥着谈判的整个过程。没有让步和沟通的谈判，也就不能称之为谈判了。在这里需要明确的是，让步其实就是拒绝的另外一种表示方式。不同于直接拒绝之处在于：让步是具有相对性的，它是在一定的条件和限度下做出的。毕竟没有谁的让步是在无条件、无限制的条件下做出的，否则双方便可以直接签协议而没有谈判磋商的必要了。

让步的目的在于解决危机，谈判过程中一方的让步，既是对自己谈判对手某种要求的承认，更是对其更多要求的拒绝。在买卖的讨价还价过程中，甲方提出100万元的报价，而乙方却只给出60万元的报价。如果甲方将自己的价格降到90万元，他在做出10万元让步的同时，更是对乙方60万元报价的一种拒绝，同样乙方将价格加到70万元的态度，也更是对甲方所给出的90万元报价的一种拒绝。从这里可以看出，让步的过程中本身就隐含着对对方条件的一种拒绝态度。

但是，在谈判过程中的拒绝也并不是绝对的，而是相对提出的。拒绝并不是谈判的彻底破裂，而是对对方进一步要求的否认，同时更是对己方之前报价或让步的一种承诺态度。在谈判中的拒绝，大都是单一的针对性拒绝，而不是对谈判全方位的否认。在谈判中对某些东西、某些方面进行拒绝的同时，还会在其他方面为对方开通一个讨价还价的方便之门。

还是说上面那个讨价还价的例子。当价格的争论持续下去，到第二轮的讨价还价过程时，甲方将价格落到了85万元的程度，乙方也将自己所出的价格提到了75万元；在第三轮的讨价还价过程中，甲方进行了第三次让步，将价格定为82万元，乙方也同时做出了让步，将价格提高到了78万元，但就是在这个非常接近的价格上，双方陷入了僵局，他们都不想再做出让步了。这时候甲方提出的82万元，代表着在对乙方提出的78万元进行拒绝的同时，也是在此价格上进行交易的一种承诺；同样乙方的78万元出价也具有同样的这两层含义。

为了破除谈判即将面临的僵局，双方决定将价格议题暂时搁置，转而使用附加条件让步法，乙方提出如果甲方能够保证交货期提前10天的话，那么乙方则可以将价格再提高1万元；这时候甲方虽然很赞赏乙方提出的条件，但是却认为如果要提前10天交货的话，乙方需要将价格给到80万元，他们才能够接受。就这样，双方最后通过一再地拒绝与让步，终于在80万元、提前10天交货上达成了一致，握手成交。

从这个例子不难看出，谈判中的所谓拒绝，既是一门技巧，更是一门艺术，谈判中的拒绝并不是将所有可能性的大门都锁紧，而是为了在谈判的过程中对己方利益的基本维护。饱含智慧思维的拒绝是选择合适的时机、以恰当的方式、通过恰当的语言对谈判对手保有余地地进行的。谈判中的拒绝其实可以作为一种专门的手段和学问来进行研究。在商务谈判中，最为常见的拒绝技巧主要有以下几种：

异地补偿法

异地补偿指的是对谈判对手这一方面进行拒绝的同时，在其他地方进行某种意义上的补偿活动。这种所谓的补偿，大都不是以货物、金钱或是某种利益等"现货"的形式出现的，而是在未来某种特定情况下的一种承诺，如提供某种虽然无从进行核实但绝对准确可靠的消息，或是提出诸如产品售后服务中损坏或事故等附加保险条款类的服务等。这种形式的拒绝，配合己方不得已苦衷的倾诉，可以让我们在拒绝对方要求的同时，而又不至于影响彼此间的合作关系。

曾经有一段时间，市场上的钢材成了紧俏商品。某个专门批量经营钢材的公司生意火爆异常。

这天，公司王经理的一个朋友乔某上门了，他因建房子急需3吨钢筋，考虑到自己和王经理的关系，乔某希望能够以低于市场批发价格10%的优惠购买。

显然乔某的这种想法是不现实的一厢情愿。但考虑彼此间的友谊，王经理没有办法加以直接拒绝，于是他想出了一个补偿的办法，他跟乔某说："我们这种大型公司，过手的钢材都按千吨来计量的，实在没法拆分成1吨。但是考虑到咱们是老朋友，我也不能让你白跑一趟。这样吧，我给你写个介绍信，你拿着去找老白。老白他们那里是专门经营小规模钢材的公司，他们是我们多年的业务户，我让他给你最优惠的价格。"

就这样，乔某高兴地拿着王经理的条子，在白某那里以略低于市场的价格买到了自己所需要的钢筋。而王经理和乔某之间的友谊也没有因为这次的拒绝而显得生分。

由于谈判双方关注更多的是自己的切身利益，所以在谈判过程中简单地靠以理服人和以情动人是远远不够的，而如果断然拒绝的话，却又有可能激怒对方，甚至导致谈判的破裂。所以我们在谈判过程中，不妨在力所能及的范围内，给予对方一定程度上的优惠和补偿，从而缓解因为拒绝而引起的对方的情绪不满。

比如，自动剃须刀的生产商与经销商之间的让步谈判是这样的："我们的价格已经没有再降的余地了，但是我们可以为每个剃须刀配上一对电池，你可以在促销时赠送，也可以用作零售。你看怎么样？"电梯供销商与房地产开发商之间的谈判让步是这样的："我们单位的产品是国家级的免检产品，选用的是优质的材料，使用进口的生产线，因为成本较高，所以价格也就稍微高一点了。但是您也应该注意到了，我们的产品不但美观耐用，而且安全节能，同时还有完善的售后服务体系，不但一年内包换，而且终身保修，还赠送每年两次的免费保养维护，使您彻底没有后顾之忧。相信您一定能够做出最为明智的选择。"

上述的两个例子，都是通过价格之外的优惠和补偿来取得谈判成功的。

有充足的拒绝理由法

当谈判的一方报出虚高的价格时，如果他的谈判对手能够提出充足的拒绝理由，同样会令对方变得哑口无言。

曾经我国进出口技术总公司与西方某国谈判50万伏超高压变电设备的进口事宜。在这场一对一的谈判中，要想做到"货比三家"，显然是不可能的了，这对于我方来说显然是很不利的。我方的技术主管、高级工程师王秉正为谈判的准备工作查阅了大量的数据，包括其他国家与我国之间交易同类产品的价格、西方同类产品的生产成本、历年来的物价浮动及汇率变化、其他国家同类产品的进口价格等等。

在长达几个月的准备过程中，王总工程师积累了7000多项的技术参数和价格指标，各种数据加在一起，竟达7本之多。带着这些饱含王总工顽强拼搏精神象征的丰富资料，他信心百倍地踏上飞机，奔赴与对方谈判的现场。

在讨价还价的过程中，对方的谈判代表抛出了一个很高的价格，这令王总工感到无法接受。王总工直截了当地告诉对方："你们给出的这个价格含水率太高了，至少要减掉一半才能显示出你们的合作诚意来。"

听到王总工的话，对方的谈判代表问道："为什么？你不是开玩笑吧！这可是我们已经核算多次的价格了！"这时候王总工不紧不慢地告诉对方："根据我的调查，你们前段时间也在澳洲销售过同类的设备，那时的成交价还没有你们这次报价的一半多呢！"……

就这样，在长达两个多月的艰苦讨价还价过程中，双方的谈判竟超过80次之多，最终以合理的价格签下了合约，而这时对方的降价幅度竟然高达500万元之多。

在由王秉正总工程师主持的这场谈判中，我们不难看出，为促进谈判的成功，同时还要拒绝对方的虚高报价，这就要求我们能够提出让对方心服口服的充足理由。王秉正通过谈判前长达数月的资料准备工作，收集和整理了大量的一手资料，才最终达成了这场谈判的成功。

合情合理的借口拒绝法

在现代社会，每个企业都不是孤立的，它的生存和发展与外边的世界有着这样那样的联系。所以无论是在谈判过程中，还是在企业的日常运转过程中，我们都不可避免地遇到一些看上去、听上去让人无法满足的要求：也许是对方具有很大的来头，也许是对方曾经有恩于我们，也许是之前要好的朋友或是一直密切来往的亲戚。这时候如果简单地拒绝的话，那么就会遭到来自对方的报复性打击，或是被冠以忘恩负义的恶名。拒绝这类人最简单的办法就是找一个看起来、听上去都无懈可击的借口，来让对方自动闭口。

曾经有某合资企业所生产的产品，在市场上具有非常好的销路。这时候有人拿来某上级领导的批示，找到公司销售部门，要求以远低于市场批发的价格进行大批量的购买。

由于时近中午销售经理就先将人请到了餐厅安排吃饭，并告诉来人："由于所需物资数量巨大，同时价格过低，已不在我所能应允的范围之内。请你先吃饭，我马上去给你找领导批示。"

在午饭之后，销售经理又告诉那个人："你要求的这个数量，按我们公司的规定，应该由总经理来进行审批。但是我们的总经理上午去北京开会了。这样吧，你先回去，过两天我们电话联系，如何？"那个人一看这种情况，又发不得火，只得怏怏而回了。

两天后，那个人果然打电话来询问，这时候销售经理就跟他说，已经向总经理请示过了，总经理认为这么大的数量，应该交由董事局开会研究决定。同时，他还安慰那个人说，总经理答应一定会尽最大努力向国外的董事局争取的，但董事局的决定要在两个星期之后才能出来。那人听到这么麻烦的程序，就感到事情已经超出自己的掌握，同时他也知道这种事在董事局里是不可能被通过的，从那之后再也没有打过电话。

就这样，聪明的销售经理通过各种借口，将对方的注意力成功地从自己身上转移到总经理身上，然后又从总经理身上转到国外董事的身上，使对方的气毫无发泄之处，只得不了了之了。

条件拒绝法

当直接拒绝对方将会导致彼此间关系恶化时，不妨先要求对方满足你的条件。也就是说，在对方满足你所提条件的前提下，你再满足对方的要求；而当对方不能满足你的条件时，也就无法要求你满足他的要求。这就是所谓的条件拒绝法，它常被国外的银行信贷人员用来拒绝不符合条件的发放对象的发放贷款要求。

其实条件拒绝法，是一种保有余地的拒绝，作为银行人员，如果将借贷人说成是"信誉不可靠"或是"没有还款能力"的话，有违自己的职业道德，将会导致自己的财路断绝。要知道，银行方面也有看走眼的时候，谁也不能否认他们将来有可能会飞黄腾达。所以银行方面的人在拒绝不合格的贷款发放要求时，通常会对借贷人施以条件拒绝法，这就在拒绝对方的同时，还让他们没有理由发火。

提出问题拒绝法

谈判过程中，在面对对方过分的要求时，我们可以提出若干问题。通过这些问题使对方明白我们并不是可以被人随意欺骗的。无论对方是否回答这些问题，都能够使他们明白自己所提的要求已经超出了我们的预案。

在一次有关日本的农业加工机械引进的贸易谈判中，日方代表给出了高得离谱的报价，面对这种情况，中方的谈判人员向日方提出了如下的几个问题：

*日本国内一共有几家公司在生产这种农业加工机械？

*是否能够给出本次谈判计划引进设备价格明显高于日本同类产品的依据是什么？

*全世界类似产品的生产厂家一共有多少？

*本次引进设备报价明显高于国际同类产品报价的依据是什么？

　　面对这些不便回答、更没法回答的问题，日方的谈判代表感到非常吃惊，他们意识到自己做出的报价已经高得太多了。于是在接下来的谈判中，想方设法地找出各种台阶，将设备报价大幅度地降了下来。

　　在谈判过程中，这种问题拒绝法用来对付那种一心只顾自己眼前利益、而将谈判对手利益作为踏板、所提要求过于离谱的对手，实在是再合适不过了。

幽默拒绝法

　　当谈判过程中遇到不方便正面拒绝对方或是对方坚持自己的条件而不肯降低时，不妨全盘接受，然后再以对方的要求条件为依据，提出让人感觉荒谬、不现实的结论，从而将对方的要求条件加以否定。这种能产生幽默效果的拒绝方法，被称为幽默拒绝法。

　　在历史上，苏联进口挪威鲱鱼的谈判，前后持续了相当长的一段时间。当时，深谙贸易谈判窍门的挪威人将自己的谈判价格开得很高；而苏联的谈判代表则与挪威人之间展开了艰苦卓绝的讨价还价过程。结果谈判进行了一轮又一轮，谈判代表也是走马灯似的更换了一批又一批，但由于挪威人的坚持，双方一直没有达成一致意见。

　　面对这一难题，苏联政府派出科伦泰为本国全权谈判代表与挪威人进行谈判。面对挪威人的高价，科伦泰则给出了一个很低的价格。于是谈判一如既往地陷入了僵局。

因为买方市场的缘故，挪威人并不担心僵局。而科伦泰则不然，她不但拖不起，更让不起。她的目标只有一个，那就是将谈判成功谈成。面对坚持的挪威人，科伦泰祭出了幽默拒绝法的法宝，她告诉挪威人："作为我本人，我同意你们所提出的订购价格，但如果我无力说服我国政府的话，我将用我的个人工资来支付其中的差额。但是希望贵方的谈判代表能够允许我分期付款。"

面对幽默而风趣的科伦泰，挪威人笑了，他们也感到自己堂堂绅士将一个女士逼到这种地步是不文明的。于是在双方的笑声中，鲱鱼的成交价格被定在了一个相对公平合理的价位。

在这次谈判中，科伦泰用幽默拒绝法来完成了她的几个前任绞尽脑汁也无法完成的谈判工作。

某洗发水公司在进行产品抽检中，出现了分量不足的产品。销售商抓住这一点要求降低产品的出厂价。

这时候公司代表微笑着说："记得在二战期间，有个军工厂专门生产降落伞，其产品不合格率为万分之一，也就是说因为降落伞的质量问题，每一万名空降兵中将有一名士兵牺牲。这受到了军方的拒绝，他们要求军工厂的生产和质量负责人亲自使用抽检的降落伞。就这样降落伞的合格率竟达到了惊人的100%。我们不妨借鉴这个例子，你们把洗发水中分量不足的那瓶赠给我，我和公司的负责人一起分享。毕竟不是谁都有机会免费分享公司的洗发水。"

面对厂家代表这一幽默建议，大家哈哈一笑，问题也就不了了之了。

在这个案例中，厂家代表就是采用了这样幽默式的拒绝方式，在转移了销售商注意力的同时，更隐晦地表明了公司的拒绝含义。

因此，当面对对方提出的不合理要求，我方无法给予满足时，不妨采用轻松、诙谐、调侃的话语，通过讲述故事或是设定否定空间的方式来委婉地拒绝，以避免引起对方的尴尬和不快。如某公司的谈判代表貌似无比轻松地告诉对方："如果你们还要坚持这个价格的话，那么请贵公司在接下来的时间里，为我们单位的全体职工准备工作餐好了，毕竟我们也要吃饭不是？"

移花接木拒绝法

当谈判中的对手要求条件过高，而使得自己无法进行满足时，不妨采用移花接木的方式，设定出双方都无法跨越的障碍，以此来表达自己的拒绝，同时又能取得对方的谅解。"你们给出的价格，我们实在是无法接受。除非我们在合同里注明，贵公司能够接受我们使用劣质的材料来降低一下我们的生产成本。"面对这样的条件，显然是对方所不能接受的。

　　另外在谈判中，还可以运用法律、制度、行业惯例等不可逾越变通的客观限制来作为拒绝。比如，"如果你们能够出面说服法院和物价部门的话，我们对这样的条件绝无异议！"

　　在谈判过程中，熟练掌握和使用拒绝技巧还应注意以下两点：

　　不要武断拒绝。在谈判中，拒绝是一种谈判手段，而并不是谈判的目的所在。谈判的最终目的是为了获利，而拒绝则是避免损失的一种手段。也就是说拒绝的目的，是为了谈判成功。虽然这一点大家都很明白，但做起来却并不尽然。在激烈的谈判对抗中，不计其数的谈判人员受个人情感支配，为了所谓的面子和争口气，宁肯拒绝导致谈判破裂，也不愿妥协走向成功。

　　不要故作逞强。当谈判的对手是老朋友、老熟人、老客户时，往往会为了照顾对方的面子，而不好意思直接拒绝。结果导致在原本该拒绝的地方，盲目地一味应承，甚至导致最后失信于对方，既丢了面子，又丢了里子。

　　在商务谈判的过程中，难免会碰到讨价还价的事情，这是再正常不过的事情。当双方所持观点差距较大时，要懂得给予对方拒绝和否定。但拒绝时要做到审时度势、随机应变，做到有理有据有节，要让对方在被拒绝的同时还能保有面子。决不能一味地死板、武断，乃至于粗暴，从而导致对方受到伤害，致使谈判出现僵局，生意走向失败。

41. 灵活运用限期、拖延等战术

在谈判过程中，如果直截了当地告诉对方："你们的条件，不能令我感到满意。"这样一句简单的话，就有可能迫使对方重新进行成本和利润核算，并做出适当的调整。当然对方也很有可能用"那您看，我们该如何才好？"来小心地回复。谈判绝不是接受和拒绝这么简单的事情，其中是充满了智慧和谋略的，就像是一场战役，想要取胜，必须有战术和战略。如果希望尽快实现自己的谈判目的，不妨根据情况使用限期战术和拖延战术等挤压时间的做法，使我们获得更多的利润空间。下面就来对几种极为常用的谈判战术做介绍。

限期战术

有舞台表演经验的人都知道，在平日里一件令人满意的衣服，可能会因为价格太贵而舍不得购买，但是在表演之前如果还没有更合适衣服的话，可能就会咬着牙将它买走了，这就是受迫于时间的典型例子。但是如果你的采购集中在表演前的一段时间，就很有可能让对方放弃一部分的利润，来达成成交意见。

通常情况下，在飞机场和火车站附近的物品是相对较贵的，这就是时间压力的缘故。虽然价格较贵，但是时间来不及、不买还不行的话，你就只有选择放弃对价格的挑剔了。在现实生活中，商场里的限时抢购、限时促销等，对顾客施展的都是时间压力法，它给人一种再不买的话、时间一过就没有机会了的感觉。

在商务谈判中，作为一种无形的压力，可以利用时间的压力来迫使对方做出他们很不情愿的让步，或是导致他们出现交流上的意外错误。在谈判的过程中，双方针对时间压力，展开的是耐心的比拼。从这里不难看出，限期战术是谈判中的有效方法之一。

在时间压力的作用下，谈判也会变得富有弹性。随着时间的推移，双方的沟通、接触逐渐增多，做出相应让步的机会也就逐渐增多。在漫长的谈判过程中，双方都很有原则地坚持自己的观点，针锋相对毫不动摇，以至于造成双方谈判成员身心疲惫，而在最后临近的一段时间内，或受限于谈判时间等原因，大家不约而同地加快了谈判节奏，甚至在前面一直谈不开的尖锐问题，也都做出各自的让步，这时候双方的思维好像更加灵活起来，动作也愈发地默契起来，而这种情况在谈判初期是绝不可能出现的。这种先紧后松的谈判现象属于谈判人员的一种正常心理表现。但有时候也会被一些有心的谈判人员所利用，他们将之称为"时间压力策略"。

在具体施行时间压力策略时，不妨先在谈判的开始，就谈判中那些无关大局的议题展开讨论，而当谈判行将结束时，却突然抛出对方一直所不愿意接受的敏感问题，迫使对方在时间压力下做出谈判原则上的松动。这种策略大多数时候是能够获得成功的，因为这时候对方很难将心态调整到谈判初期的状态。

通常情况下，这种做法被认为是不道德的，但谈判就是谈判，虽然你可以保证自己不会使用这种方法，但却不能不对对方做出预防，这就是俗话说的"害人之心不可有，防人之心不可无"。为了规避类似的情况发生，我们可以采取制定谈判日程的方法，以日程的方式将所有可能涉及的议题罗列出来，并按照其重要与否的次序进行分门别类。在谈判开始阶段，首先解决那些敏感的问题，这样随着谈判尾声的来临，所涉及问题也就逐渐趋于边缘化了。一旦对方在谈判的初期阶段对个别问题达不成一致而建议延期后置，那么就要注意重新考虑该问题的重要性了。因为如果这个问题真的很重要的话，就很有可能被对方在谈判终止前再次提出来，从而诱使你掉入他们设置的陷阱中。

运用限期战术来进行谈判时，必须要注意下面几点：

第一，如果感觉对方的提议或条件不能让自己满意时，可以保持沉默，不再说话。

第二，当对方使用同样的方式来对你施压时，不妨用"你觉得应该如何？"这类的回驳，来迫使对方再次表态。

第三，牢固树立最快的赚钱方式就是优势谈判的意识。要知道由谈判而来的每一分钱都是纯利润。在谈判的过程中，将注意力放在价格上，千万不要受困于营业额、百分比之类的数据。

第四，为了避免被谈判对手所控制，一定不要让你的谈判对手明白你有多大的时间压力。一旦对方得知你的最终谈判期限时，他们就很有可能利用这一点来做文章，力争将主要问题搁置到最后，利用谈判时间的紧张来给你时间巨大的压力，从而迫使你做出不合理的让步。在谈判的整个过程中，对自己的谈判期限应该做好保密工作。

第五，别在谈判时间上付诸全部的精力，否则下面的故事就是你的结局。

万隆商业是一家专门经营南瓜灯、万圣节糖果以及各种鬼怪面具、毛绒玩具等万圣节礼物的专业公司，他们具有超强的专业性和知名度，它们的经营遍布各大中型商场。兴隆集则是一家很有名气的综合商场，他们具有极佳的地理位置和便利的交通条件，在每个重大节日都会有极佳的销售额。历年来的万圣节双方都有很愉快的合作经历，其销售目标也能达到甚至是超过双方的预期。但是就在今年兴隆集单方面要求提高万隆商业产品的进店费用，从而导致万隆商业的极度不满，因为这将会导致万隆商业运营成本的增加，对其经营利润造成影响。于是双方便对此进行了沟通，并在9月底前进行了谈判，但很遗憾的是，在谈判中双方并没有达成一致，也没有提出第二次会谈的日期。眼看着万圣节就要到了。

在第一次谈判结束后，双方不约而同地采取了拖延——这个时间压力战术。

作为万隆商业，他们认为自己是万圣节行业中无可争议的头牌，其每年都在大幅上升的销量，就是消费者对万隆商业品牌的认可。如果在整个万圣节期间，兴隆集没有进行万隆商业产品销售的话，无疑将对他们的经营造成重大损失，所以他们计划采用时间压力策略，来期待兴隆集在最后时刻的让步。

兴隆集则认为，自己拥有数量众多的固定消费群体，是自己这个良好的平台给予了万隆商业成功的机会。兴隆集有其他家全国供应商的通力合作，拥有档次齐全的完整生产线，在万圣节期间，即使不做万隆商业的产品销售，也不会对自己的经营造成多大影响。所以他们同样计划采用时间压力的策略，期待着最后时刻万隆商业做出让步。

在这次较量中，其实兴隆集才是处于绝对优势的一方，对于万圣节产品的销售，他们还可以通过引进其他厂商品牌，来最大限度地抵消缺少万隆商业产品所造成的损失，并没有消费者流失率的损失，消费者并不一定就会因为万隆品牌而抵制其他品牌的销售。从这一方面可以看出，兴隆集与万隆商业合作，对兴隆集而言，无异于锦上添花，即使流失也没什么巨大影响。

万隆商业公司主打的是万圣节产品，万圣节期间的销售额度才是重中之重，这时候一家销售终端的缺少，就是一份销售收入的减少，尤其是兴隆集这类大型销售网点。万圣节产品的销售高峰出现在万圣节之前，对于万隆商业而言，使用时间压力的策略是极端错误的。随着万圣节的临近，他们的公司筹码急剧萎缩；万圣节过去后，他们的筹码也就变得一钱不值了。

从这个例子中，我们可以看出时间压力策略并不是放之四海而皆准的法宝，它受谈判双方优劣势的影响。当我方拥有绝对的谈判优势时，可以优先使用；而当我方处于谈判劣势时，则应考虑其他方法来进行谈判，而不是一味地在时间压力上做文章。这时候也不要做关于谈判期限的规划，因为当我们的脑海中有结束谈判意识时，就会无形中自觉不自觉地对对方做出让步，会从开始时的坚决不退让，到最后发展成轻易妥协，为自己增加不必要的压力。在谈判过程中，对谈判时间有一定的预期是必要的，因为谈判不可能毫无止境地一直进行下去，但真正的谈判高手会在谈判本身投入全部的精力，而不是谈判时间上，因为他们将时间压力扔给了谈判的对手。

拖延战术

拖延战术主要针对那些所谓的忙人和懒人，当对这些人施行拖延战术时，往往会取得侥幸的成功。即使对方不做出反应，那么对于施加战术的人也是一种成功，因为我们可以说对方当时并没有对我方的战术提出过异议。

在拖沓冗长的谈判中，越是着急越会觉得辛苦。所以在进行长期谈判的过程中，要随时对谈判内容做好总结，做好各种关键摘要，给对方一个为争取双赢而积极努力的印象，会更加有利于谈判的顺利进行和良好谈判结果的获得。心急吃不了热豆腐，当我们不能在第一时间说服自己的谈判对手时，不妨采取冷静的方法来对待，这时候拖延战术无疑是一种很好的方法。

一般情况下，拖延战术是作为一种对己方有利的方式来运用的。如某家公司在给予对方2.5%折扣的基础上，并为对方提供了付款支票，同时提醒对方说："因为公司的大部分供货商都是在延期10个工作日的基础上付款的，所以我们最好也是执行这种标准。"

也有的卖主采用这样的策略来对付自己的潜在买主："鉴于此前贵公司没有对我们单位的要求给予答复，如果我们在本周内仍无法得到贵方回应的话，我们将会自动默认贵方要求的是最高档次的货物，并安排发货。"

通过采用限期法或拖延法这类挤压方法，最关键的一点在于不要首先开价，这样会让对方无法了解你的底牌，而只能做他们自己的盘算。

其他战术

常用的谈判终结性战术还有：边缘战术、折中进退战术、一揽子交易战术、冷冻战术等。

（1）边缘战术

边缘战术指谈判的一方在谈判过程中以谈判破裂为手段来给对方施加压力，从而达成迫使对方让步目的的战术。边缘战术的特征表现为凶狠、劲头足，成败在此一举，多用于表明最后立场的场合，常被作为终局的标志。在边缘战术影响下，谈判可能走向两个极端：达成协议或是走向破裂。

（2）折中进退战术

在谈判过程中，为达成协议，取谈判双方立场差距的中间条件，来彰显一方立场的公道和虔诚，同时获得对方让步的战术，被称为折中进退战术。折中进退战术的特征主要体现为对半让步，即谈判双方共同承担谈判最终的差异额和分歧点，以此作为达成协议、结束谈判的条件。

（3）一揽子交易战术

一揽子交易战术是在临近谈判终场，以谈判双方各自坚持的所有条件作为整体交换，以期达成协议的战术。一揽子交易战术是总体条件的交换，具有决战性的意味。一揽子交易战术多用于成套项目交易的谈判中。

（4）冷冻战术

这是暂时性中止谈判的做法，多用于谈判过程中双方条件差异较大，同时又因为需求原因而不愿谈判破裂的场合，或是一方出现变故，而又有意成交的场合。

谈判中期的冷冻战术，多是为了压制谈判对手气势或是实施某种阴谋而采取的，不能作为终局的标志来看待。当谈判过程中尚有未完成的谈判项目，同时也未作反复讨论时出现的冷冻现象，多是战术性冷冻；而谈判过程中多次涉及和谈判后采取的冷冻现象，多是终局性冷冻。

在麦肯锡曾经参与的谈判中，当谈判双方无法就双方利益达成一致时，通过限期、拖延等战术手段，来取得谈判成功的例子是举不胜举的。一定要学会正确处理谈判中的时间压力，并灵活地使用各种战术，因为受时间压力制约时，在谈判场上大多数的让步都集中在谈判最后20%的时间段内，很多看起来不可思议的让步，都有可能出现在谈判的最终达成阶段。所以为避免出现功亏一篑的情况，在谈判的后期更应该保持足够的警惕，决不能因为时间的压力而失去应有的理智和谨慎。

42. 跨国谈判，需要额外注意的风俗与礼仪

　　谈判的风格和特点因人而异，不同国家的人员其差异性就会更大一些。伴随着经济全球化的发展，国际间的经济贸易往来日益频繁，所以我们需要对各个国家的风俗习惯、性格特点、历史文化及各种禁忌进行了解，从而对他们的谈判风格进行分析、得出相应的谈判策略是十分必要的。

　　当我们对谈判对手的谈判风格很熟悉时，就能够通过得体的言行博取对方的好感，从而形成一个融洽的谈判氛围；更有利于我们针对对方的谈判特点来制定谈判策略，从而掌握谈判的主动权。

　　特定的文化基础决定了人们思维习惯、心理需要及语言艺术等方面的不同，在进行谈判的过程中，一定要在这方面多加注意。例如，"先礼后兵""褒先贬后"……这些中国的基本原则，在遇到西方国家的"平等观念""时间观念""个人英雄主义"等观念时，常常会因彼此间理念的不同，而产生冲突。如中国人千百年来所坚持的"谦虚、谦逊"原则，在西方人看来竟然是"不自信、虚伪"的体现；中国人一再强调的集体责任感和团队意识，在西方人看来则是个人能力低下而不敢担负责任的表现；中国人在关注谈判顺利和谈判双方关系而忽略谈判进度的做法，则被西方人认为是浪费时间的表现。

从这个角度来看，由于在不同传统文化环境下生长的人具有各不相同的评价准则、谈判观念和方式，所以在谈判前对他们进行了解是很必要的。而对谈判对手的换位思考正是我们增进彼此间了解、求同存异的表现。

只有在熟悉谈判对手所生活环境、谈判习惯和民族性格等前提下，在将自己放在对方角度上进行考虑，才有助于我们谈判策略的制定、谈判过程的耐心细致、谈判目标的实现。通过对不同国家和地区的人们进行了解，可以针对性地采取不同的谈判方式来最终赢得谈判。如在与西方人进行谈判时，应该切实考虑对方的时间观念，应尽早切入主题，而不应该将过多的时间花费在彼此间的礼貌寒暄上；而与非洲人进行谈判时，则应照顾他们淡薄时间的意识，而让自己变得有耐心，包容他们的迟到、无辜爽约等行为。下面就来具体地说说针对不同国家的人，在谈判时应该注意的事项。

与东方人进行谈判

注重人际关系的东方人，他们讲究的是买卖不成仁义在的美德。在与他们进行谈判时，首先要考虑的是如何确立良好的人际关系，而且这种人际关系会微妙地指导着谈判的整个过程。在传统的中华文明中，讲到与人沟通，首先要明确的就是合作双方的关系，然后才是各种条件的合理性，他们往往会将法律层面的东西放在最后。同时中国人还对彼此间的私人关系相当重视，但是他们却并不会因为私人关系，而迫使对方达成协议，或不满意对方的条件而选择断交。对于他们而言，协议的签订只是双方合作的另一个开始，并不是彼此间交易的结束，当你不能认识到这一点时，就会难以取得较大成功。

在中国人之间见面时，大家通常是先点头示意，然后才行握手礼。而多数不明底细的外国人往往会在刚见面时就伸出手来，这时很有可能会因为中国人没有伸手而令双方感到尴尬。

在与中国人进行谈判时保持低调是很有必要的，因为他们会对夸张的声音和表情感到厌烦。

中国人具有强烈的集体观念，在考虑问题时，他们习惯性地将集体利益放在个人利益的前面。受几千年儒家思想的影响，中国人深知家庭和社会的重要性，他们喜欢在做出决定前广泛征求集体的意见。正是这种集体利益至上的观念，形成了中国特殊的人际交往概念关系。

中国人具有非常微妙的集体生活观念，他们常常希望自己帮助的人也能够给自己提供一些力所能及的回报。

受传统文化影响，中国人很尊重那些年长于自己的人，甚至企业管理者的提升也是与年龄挂钩。

同时中国人也是比较注重面子的一群人，他们常常会因为怕丢自己或对方的面子，而不会在商务谈判中就单独的某一观点表示自己的个人看法。

头脑精明的东方人热衷于价格上的"拉锯战"，当你面对一个中国人的讨价还价时，为不至于损失自己的利益，一定要保持足够的耐心。

语境高超、等级森严的日本人。受日本传统文化影响，谈判中的日本人很少说出表示拒绝的"不"，所以在与日本人进行谈判时一定要注意，他们在你表述完自己的观点时说出所谓的"是"，仅仅是表明对自己在倾听你谈话的应付，而并不一定是表明他们对你请求或意见的认可答复。如果对这些含糊不清的条件做出误判，就会给后期的谈判造成极大恶劣影响。所以在和日本人进行谈判时，搞清楚对方回答的到底是什么，这是很有必要的。

与西方人进行谈判

与东方人不同，西方人的经济文化发达、生活节奏较快。喜欢社交、注重秩序的他们，无论何时何地都是一身正装或西装。为表示对对方的重视，促进双方谈判在愉快的环境中进行，在交流谈判的过程中，我们一定要注意自己的谈吐和着装，尽量以令人赏心悦目的形象出现。

与中国人通过拉家常来套近乎不同，西方人很在乎这类的私事。如果与其谈论这类私事的话，很有可能会被对方认为是不礼貌的。在西方人的交流中，也不得涉及内政和外交问题。此外，西方人认为13是令人懊恼的数字，而星期五则是会给人们带来厄运的日期。当你在谈判中对这些问题不懂得避讳时，不但会让你在对方面前出洋相，还会引起对方的不悦，甚至导致谈判的破裂。

（1）美国人很重视合同

理性的美国人关注的是有凭有据的合约，他们在进行谈判时不会过于寒暄，不善于拐弯抹角的他们往往会以一针见血的方式直奔谈判主题。很多情况下，个人英雄主义情结严重的美国人出席谈判的是一个人，而不是一个代表团队。重视短期效益的他们希望能够很快见到结果。他们在谈判时注重的是事情的结果，通常会忽略与人之间的联系。想让他们像中国人那般的推心置腹是很难的，他们甚至不会在谈判之外跟你建立多大的联系。

活跃的美国人不喜欢沉默的环境，当谈判中的双方保持沉默时，首先打破僵局的很有可能是美国人。当美国人在收到你的礼物时，受责任感驱使，他们通常会和你保持较近一点的关系，所以在谈判前不妨利用这一点，让他们感受到你的重视。

（2）英国人注重礼仪和节奏

受历史和传统因素影响，重视自己出身的英国人更喜欢被称为英格兰人，而不是英国人。靠日历生活的英国人，对时间的把握和要求严格达到了近乎苛刻的程度，所以在谈判中把握好时间、准时出现是很必要的。

英国人注重个人隐私，他们不会在谈判中涉及一些与公司无关的私人问题。

生性拘谨的英国人即使讲起英文来也是慢条斯理的，习惯慢节奏的他们是不会轻易地被对方所欺骗的。

（3）法国人具有很强的原则性

法国人具有很强的语言表达能力。在公关场合下，拥有自己语言的他们很少讲英语。

性格相对温和的法国人大都比较友善，他们既不会与你争吵，更不会和你发生争执。

在与逻辑思考能力很强的法国人进行谈判时，需要充分准备好所有的理性东西，在法国人看来，口齿伶俐是非常值得自豪的。

法国人能够明确地区分工作和吃饭，无论是喝咖啡还是吃饭时都不得谈论工作。

法国人的时间观念甚至要超过英国人，在法国人看来，迟到是对对方的一种侮辱。

相对于结果而言，法国人更相信原则。

（4）德国人重视头衔

德国和美国人同样重视合同，德国人对双方关系和签订合约的环境不很重视，他们的注意力主要集中在谈判的内容上。每个德国人都是合约制定的高手，德国人不允许已经确定的合约有任何的变动。

在同德国人握手时一定要准时、有力，这一点是特别受德国人重视的。注重礼貌的德国人绝不会在公共场合下说笑话。在谈判过程中，将手插在兜里，会被德国人认为过于随便。

另外德国人对于自己和谈判的对手的头衔也很重视。

与非洲人进行谈判

受地理环境和本地区风俗习惯的影响，大多数的非洲人认为富人帮助穷人是理所应当的事情。时间观念很差的非洲人在谈判时经常会迟到，而且还喜欢在谈判前说一些无关紧要的话题。

受历史条件影响，非洲人对于谈判业务很陌生，常常会使自己处于不利的地位。非洲人虽然具有强烈的权利意识，但是受法律不健全及法律和业务知识薄弱影响，总体上很薄弱。在与非洲人进行谈判时，为避免日后麻烦，应该谨慎操作，注意细节，绝对不可以草率行事。

43. 当你不小心失言之后

在谈判的过程中，人们很有可能受感情因素的刺激而导致谈判最终失败。在谈判的过程中，要时刻提醒自己不要拘泥于感情因素，要做出冷静的判断，如果不能做到这一点的话，就有可能会迫使自己做出不必要的让步、陷入困境，甚至输掉整个谈判也是有可能的。

错误是每个人都会犯的，即使是久经谈判场合、经验丰富的老手也不能保证自己在谈判场上自始至终、一如既往地正确。当你不小心犯下错误时，就会给彼此间沟通造成障碍，使谈判变得缓慢，甚至是停滞不前。所以在谈判过程中，尽量减少犯错误的机会是很有必要的。每个谈判人员还应该积极努力地去学习发现和改正错误的方法。

及时发现，勇于改正

根据相关资料的统计，火警灾害如果能在发生后的几分钟内被及时发现，那么即使有伤亡的话，也能够减少到最低。罪犯犯罪证据的收集也是同样的，案件发生后越早被发现，越容易找到线索，同时案件被侦破的可能性也会提高。其实在谈判过程中错误的被发现也具有相似的道理，能够及早地发现自己的错误并做出修改时，我们距离成功也就更近了。

积极主动地承认自己的错误

如在谈判过程中，你指出你的谈判对象所代表公司的债务已经达到300万元，而事实上，他们公司的债务仅为200万元。如果对方能够及时发现你所举出的数字证据并不正确，而是有夸大其词的成分在其中时，将会直接影响到对方对你的信誉及谈判能力的判断，甚至会使谈判出现"红灯"现象。但你在谈判中所出现的错误被较晚发现时，对你将更为不利，因为这时候对方可能会对于你所列举出来的每一份资料都感到怀疑。

所以说，我们必须使自己在谈判过程中始终保持高度的警觉性，面对自己发现的错误，或是对方指出的错误，要勇于坦然面对，在表达自己的歉意后，最好能够及时提出正确的补充观点。这样一来，不但不会使自己的信誉受到损失，反而会给对方留下"及时发现错误""勇于承认错误"的良好印象，更容易获得对方的信任和赏识，同时也是对自己判断能力的一种提高。

悄无声息地进行战略调整

谈判战略是适用于某种条件和范围之内的一种有效武器。对于谈判战略的使用是否得当的判断，对双方而言都是一件相对容易的事情。在谈判过程中运用战略失当是在所难免的。当谈判战略运用出现偏差而又不是过于离谱时，首先发现这个问题的应该是我们自己，而不是我们的谈判对手。当我们失当的谈判战略被对方发现和监视时，将会影响我们在谈判过程中的随心所欲发挥。

　　这时候如何通过巧妙而圆滑的手段对它进行不留痕迹的调整和改变，有助于我们对谈判主动权的操纵，这是作为一个合格的谈判人员的必修课程。当我们在谈判过程中，对于对方的反应多多留心时，就不难从中发现自己是否出现"战略使用不当"的错误。因为当我们使用了某种并不恰当的战略时，很可能对方会出现我们预期之外的反应，这时候就应该引起我们的警惕了。

　　当我们在检查中发现自己的战略使用错误时，要及时采用应变预案，避免错误的进一步扩大，从而使谈判变得一发不可收拾。当我们要在谈判过程中进行战略调整时，一定要做到悄无声息，尽量在对方没有察觉的前提下不动声色地进行，使新战略巧妙地融入谈判中。当然，请求对方暂时中止谈判，以便进行新的谈判策略的拟定，也是战略调整的一个借口。

　　值得一提的是，如果能在谈判过程中及时发现对方战略使用的失当，并对他们加以监视，将有助于我们谈判的顺利进行。

第九章

妥协，也是一种谈判策略

麦肯锡认为，谈判中的妥协并不一定就是失败的标志，在很大程度上，它只是谈判可能结果的一种，甚至有可能是最好的一种结果。在麦肯锡参与的多个谈判中，妥协也常常被作为一种谈判的策略出现。当谈判过程中出现僵局时，做出一定程度上的妥协，将会使谈判得以继续。

44. 若出现僵局，有退路总比没出路好

在谈判过程中，出现僵局是在所难免的，但谈判僵局与死胡同有很大区别。在谈判过程中，面对僵局，提前准备好退路或是及时寻找退路是很重要的，要比没有出路更能对危机本身起到积极的化解作用。

谈判的僵局与死胡同的区分

在谈判过程中的僵局指的是谈判双方因谈判过程中的某一具体问题出现较大分歧，并且导致谈判的进展受到影响的情况。

在谈判过程中的死胡同指的是谈判双方在谈判过程中产生的使谈判双方丧失谈判兴趣、谈判无法进一步延续的情况。

在谈判过程中，新的谈判选手很容易混淆谈判的僵局和死胡同。如作为一个生产商，当你的销售代理通知你："如果在今后两年中我们不能得到几个百分点的降价的话，我们将会另找供货商合作。"而这时候如果你简单地答应对方所提条件的话，那么你的整个生产将会变得毫无利润可言，这时候你可能会认为双方的合作到了一个死胡同，但事实却并非如此，这只不过是你们彼此合作过程中的一个僵局而已。

作为一个承包商，当开发商通知你："我也很想和你合作，但是你们的

收费标准实在令人难以接受。要知道，除你们之外，我手里还有不下5家报价，而所有的报价中，价格最高的恰恰是你们。"而你所服务的公司却有不得参与任何形式的竞标的规定。这时候也许你会认为自己的本次谈判走进死胡同，但事实上，这只是一个僵局而已。

作为一家零售商店的老板，一个客户冲进门来冲着你大喊："我不觉得我们还有必要就这件事情进行讨论，我坚持要求退货。不然的话，我将请我的律师来跟你谈。"这时候如果你的客户能够心平气和地听你教授他如何进行操作的话，他就会明白你所销售的产品是完好无损的，问题并不在它的身上。可怒火中烧的他，却无法静下心来听你的解释，这导致你觉得自己走入了死胡同，其实这本身还是一个僵局罢了。

这些在谈判新手看来，如同死胡同般，看起来无可奈何的情形，在富有经验的谈判高手看来不过是一个个不同的僵局罢了。如果我们能多学习一些谈判的案例、掌握一些有用的实战经验，就能够快速地判断出谈判是否还有进行下去的必要和可能。

"暂时搁置"是一种弱化僵局的方法

无论在何时何地对于这些僵局，要想打破它们都可以采取一种非常简单有效的方法——暂时搁置。

在1973年第二次中东战争爆发后，暂时搁置这一策略被有效地用来对双方的问题进行解决。

当时主持谈判的美国代表在中东警告以色列说："坐下来与

埃及政府进行谈判吧！当你们拒绝这样做的时候，就有可能会导致第三次世界大战的爆发。"

　　而面对美国人的警告，以色列选择了强硬态度："我们可以和埃及政府进行谈判，但是我们必须要首先明确一点，无论是什么条件，我们都不会从西奈沙漠退出，那里有我们在1967年占领后建设的油井，对于撤出西奈半岛，我们拒绝谈判。"

类似的威胁，在我们的现实谈判中出现的时候并不在少数吧，比如："我们可以和你们一起做生意，但前提是，不能按照你们的支付条款进行。如果你们坚持执行你们公司的支付条款的话，那么我们之间也就没谈的了。"

　　在和以色列人的谈判过程中，美国人聪明地选择了暂时搁置的策略，并取得了良好的效果。用暂时搁置的方案来对待那些当时看上去根本得不到解决的问题时，往往会收到出人意料的效果。

　　在这里美方代表表示赞同以色列的观点，他们很明确地告诉对方："很好，我们也明确地知道西奈沙漠对于贵国的重要性，在那里不但有你们建设的油井，而且你们还在1967年时就已经占领了那块土地。那么，让我们先将这个问题放下，我们首先讨论一些其他的重要问题，如何？"

在这里需要说明的是，埃及人也以同样坚决的态度对待西奈地区，他们坚决提出要以色列军队撤出西奈半岛。在谈判中，双方采取了暂时搁置争议的方法，首先就许多小问题达成了一致意见，并为后期谈判进行了一些能量的积聚。当最后再提出从西奈地区撤军的问题时，这个问题开始变得不再是开始阶段的那般尖锐了。就这样，虽然以色列人反复重申自己不会撤走西奈半岛的军队，但最后的结果是人所共知的，以色列人最后撤走了西奈地区的军队。

不只是1973年的第二次中东战争谈判，就是在1991年的巴以谈判中，美国人也是同样采取搁置争议的方法。

1991年，为促成以色列与巴勒斯坦解放组织之间的谈判，美国国务卿詹姆斯·贝克受到了以色列人的坚决抵制。聪明的以色列人明白地知道，一旦展开谈判，以色列人从巴勒斯坦地区的撤军就将成为谈判的重点，而要以色列撤军则是他们所万万不能接受的。出于这方面的考虑，以色列人直截了当地拒绝了与自己的敌人——巴勒斯坦人一起坐到谈判桌前。

但是作为一个聪明的谈判高手，詹姆斯·贝克也知道要想将以色列人拉回谈判桌，唯一的办法就是首先解决一些看起来无关紧要的问题，而将僵局问题进行搁置。

詹姆斯·贝克对以色列人说："我能够明白你们不想和巴勒斯坦人之间进行和平谈判。这样，让我们先将巴勒斯坦人的问题放下，试想一下，如果要举行和平谈判的话，依以色列人看来，我们的谈判应该在哪里举行呢？是华盛顿？是中东？还是中立的马德里等城市呢？"

　　伴随着一个个看起来微不足道的谈判问题的解决，谈判被詹姆斯·贝克向前推去。接下来还是不可避免地谈到了巴勒斯坦的问题。如果巴勒斯坦解放组织派员参与谈判的话，以色列会安排谁来代表自己呢？伴随着前期一个个问题的解决，最后在和以色列就和平问题进行洽谈时，居然变得容易了，就这样，美国最终为巴勒斯坦解放组织争取到了进行和平谈判的机会。

　　美国人通过"暂时搁置"争议的方法，处理了一个个谈判中看上去毫无解决方案的问题，并赢得了谈判的最终胜利，扭转了一个个的国际政治危机。这种理念和策略同样适用于商业危机和个人危机。

把优先解决小问题作为解决大问题的退路

　　当你在与自己的客户进行谈判时，客户明确告诉你："谈判没问题的。这样吧，我将会在北京召开公司的年底销售会议，如果你有意向作为我们单位供货商的话，就必须在此之前提供你们的产品样本。否则的话，我们也就没有进行谈判的必要了。"这时候当你不能及时提供产品，你就有必要采取暂时搁置的策略。你可以告诉你的客户："我了解产品样本对于你们公司的重要性，但我们是否可以先讨论其他的问题呢，如我们是否需要使用你们的工会会员身份？关于我们合作时的付款问题，你们有什么好的建议呢？我们可以先解决一下这些同样重要的问题。"

　　将造成僵局的问题进行暂时搁置，首先就谈判中无关紧要的小问题进行解决，受能量积累的影响，当最后需要对真正重要的问题进行讨论时也就显得很轻松了。从这个角度看，在谈判过程中，盲目地将谈判的焦点定义在某个具体问题上，是不可取的。

通过前期对小问题的解决，会在谈判的双方中间形成一种促进力，从而使那些大型问题的解决变得更为容易。只有那些初出茅庐缺乏经验的谈判新人才会首先去解决那些看起来比较困难的重大问题，因为在他们看来，在价格、付款方式等重要问题上不能达成共识的话，没有必要为那些微不足道的问题去浪费宝贵的时间。只有资深的谈判高手才能明白，在那些看似微不足道的小问题上形成共识后，将会使谈判的对手更容易被我们说服。

在谈判中，面对谈判僵局，选择暂时搁置主要问题、首先解决微不足道的小问题的妥协策略，反而更容易得到谈判对手的认可，从而最终赢得谈判的胜利。

45. 以退为进，往往可以反败为胜

俗话说："退一步海阔天空，忍一时风平浪静。"我们的进攻状态不可能持续在整个的谈判过程中，适时地做出让步是很有必要的，因为成交本身就是双方相互妥协、退让所达成的共同结果。

出于爱面子的心理，有些人对谈判中对对方做出的妥协和合理让步是相当抵触的，在他们看来，面子至上，就算因此丢弃了这单生意也是在所不惜

的。需要明确的是，如果要想在谈判的过程中"保护"好自己的面子，那么照顾好对方的面子也是谈判中的重中之重，只有让对方觉得有面子了，他才会照顾到你的面子、才会顺应你的需求。

不过，退让也是具有一定技巧性的，毫无原则地退让会使我们陷入被动。在谈判中，要做到灵活多变，懂得怎样以退为进。

退让比进攻需要更多的理智和谋略

在谈判过程中，不可做无谓的让步。让步是建立在对方承诺基础上的，是达到目的的一种手段，无利可图的让步会使自身贬值，当让步换不来对方的有利信息时，让步也就失去了其最初的意义。

让步不是轻易做出的，做出让步时，要让对方感觉到己方的为难。过快的让步会给对方一种你很好说话的感觉，在接下来的谈判中，甚至会被对方逼着让步，这将导致自己失去谈判的优越感，而呈现出一种被动的感觉。

做出让步时，要有自己的底线，要懂得适可而止。无限制地让步，会给对方以极大的心理期望，较大的让步会被对方认为是有便宜可占。

为避免谈判僵局的出现，我们在做出适当让步的同时，还可以做出如下调整：

在谈判过程中，双方难免都保持着精神紧张的状态，想要缓解僵局，就应该先缓解一下这种紧张的状态，紧张的情绪会促使对立局面的产生，当现场气氛得到缓解时，对立的局面也就相应地缓和了。你可以播放一段抒情音乐，或是泡几杯茶，甚至是打开窗户，调节一下空气流通，都有助于缓和谈判现场紧张的气氛。

通过谈判地点的改变来转换心情，当谈判转到不一样的地方时，也许一些新的契机和可能性就出现了。

不妨讨论一下风险的分担。如建议对方对产品规格进行调整，不然的话就要对方来承担所有风险，通过这样的压力来威胁对方的心理防线，令其不敢轻易冒险，从而不得不坐下来继续进行谈判。

在不会对自己造成严重损失的前提下，以退为进地采用利诱的方式进行变相让步将会使谈判工作的开展更为顺利。需要明确的是，以退为进是温和地周旋，而不是无原则地一味退让。退让的目的在于运用这种温和的手段来使对方感受到我们合作的诚意，使他们乐于同我们进行合作，但绝不是卑躬屈膝地无条件妥协。在谈判桌上，如果谈判对手一味地咄咄逼人时，我们不妨采取沉默的态度应对或者干脆就进行回击。沉默是金，要知道在谈判桌上，保持沉默也不失为一种迫使对方做出合理性让步的最好办法。如果对手给出回价后，并表示差钱不买/卖时，不妨就回答对方你可以给出一个更为合理的价格，然后看对方回应。如果对方不搭理你的反驳，一味地重复差钱不做的话，就真的应该选择停止交易了。

令自己权力受限也是一种以退为进的方法

虽然在谈判过程中，谈判代表具有的是有限的权力，但是如果能够充分运用的话，就是这被赋予的少许授权都能够为自己博取更大的权利。

朱明受命陪同总经理王强与格林企业总经理林海就双方合作事宜进行商谈，但就在谈判开始前的3分钟，王强因有急事不得不离开谈判桌，他临时委托朱明进行谈判。

但是在接下来的整个会谈过程中，朱明作为受托人获得了对方一个接一个的让步，但是每当林海提出一个让步时，朱明却因为自己的身份和权限的原因而毫不犹豫地予以拒绝。在整个谈判的过程中，格林企业没有从朱明那里得到一丁点、哪怕是形式上的让步。

在这个例子中，作为临时代理人出席谈判的朱明，并没有对对方做出有限让步的权限，这反而成了他们在谈判中的有利条件。对于格林企业提出的条件和要求，朱明一概以没有被赋予权限而驳回了。

我们通过无数的商业案例和经验得知，权力受到制约的一方往往才是谈判过程中的优胜力量。在二八法则看来，权力受到了限制，并不是一种束缚，反而会使我们在谈判中居于有利的地位。在谈判的过程中，当你拥有的权力有限时，反而会带给对方额外的烦恼。因为他们不得不在你的权力范围内对双方的谈判进行考虑，这就等于抛给了对方一块烫手的山芋。

一般说来，在谈判过程中，为保证谈判的公平性合理性，谈判的双方往往都会派出权力相等或相近的对手进行磋商。因为一旦谈判的一方出现一个权力较大的人，那么他的谈判对手反而会因为有限的权力而在谈判中居于有利的地位。

当谈判的一方权力受到限制时，往往比权力不受限制的一方更具有优势：他可以利用受限的权力，为技巧性的谈判人员带来谈判的主动权；有限的权力能够节约双方的谈判时间，更快地达成谈判的目的；可以利用有限的权力来拒绝对方理由充分的要求。

　　除对代理人进行权力限制外，还可通过公司制度、工程标准及政府规定等软条件，来使我们在商业谈判中居于有利地位，一旦对方提出无理要求，则可以用这些所谓的内部规定来拒绝。

　　一个优秀的谈判人员，往往能够巧妙地利用自己被赋予的有限权力来进行谈判运作，使有限的权力转化为自己成功交易的有效武器，在对对方谈判要求进行限制的同时，为己方争取更多的利益。

46. 妥协，不等于将一切都折中

　　平等的观念，在人们的生活意识中占据着主导地位，在一般人看来，当事情处于僵持状态时，不妨采取各让一步的做法，彼此都做出同样的让步，以达到公平的目的。于是在街头巷尾就经常会出现这样的一幕：对方要卖100元的东西，在你看来80元就够了，对方却认为80元买不着，于是大家互让一步，最后以90元的价格成交了。90元，在交易双方看来，应该算是一个比较合理的价格。但实际上并非如此，美国POWER谈判协会创始人兼首席谈判顾问罗杰·道森认为："双方价格差异，并不一定要去中间价来交易，因为讨价还价的机会并不是只有一次。"

"滥用折中"是低层次的谈判策略，是完全的妥协

　　"滥用折中"是商务谈判中最常出现的手法，是面对两种具有极大差异

或根本对立的观点，谈判人员不进行任何客观而具体的分析，一味地采用"和稀泥"的办法来简单地对二者进行折中的诡辩手法。

  田思雨是一家商店的物资采购员，有一次当他代表公司与供货方进行谈判时，供货方将货物的价格定到了150元，而田思雨的老板提出的购买方案是100元。

  双方的价格差异为50元，就为了这50元的差价，双方进行了激烈而漫长的争论，却始终僵持不下，最后供货方提出要求双方对差价进行折中，各自分担25元。

  对于对方提出的这种貌似公平合理的方法，小田并没有进行具体分析，而是选择了成交。其实该货物在市场的流通价格就是老板提出的100元，对方貌似公正合理的折中价，让小田单位为每件货物多付出了25元，而双方交易的恰恰是大宗的货物。就是这貌似公正合理的折中价125元，让公司蒙受了重大损失，田思雨也为此丢掉了自己辛辛苦苦得来的工作。

在很多谈判的过程中，谈判人员往往会陷入折中的谜团，而忽略了贸易关系应该以客观性为基础，建立在公平合理的原则之上，其中一方应该允许双方通过讨价还价，直到货物的谈判价格接近市场同类产品的合理价位为止。当贸易双方的分歧在合同条款上，而不是价格上时，简单地折中会具有更大的危害性。当合同条款的分歧建立在诸如违反法律法规等原则上时，有问题的一方需要做出的是全面纠正，而不是简单地折中变通。

但是需要明确的是，在谈判的过程中，为促进贸易关系的形成，谈判双方针对分歧，做出各自的让步，既是有利于双方的，更是必要的。贸易关系应该建立在双方都能巩固从中取利的基础之上，而不是诡辩地滥用折中，致使一方的利益严重受损，因为这样体现不出商务谈判公平合理的原则，更无法体现双方宽容和解的精神，有损于双赢的谈判目的。

加薪法，可以再次压价的部分妥协

在谈判过程中，当你考虑采取这种折中主义的价格，就意味着你已经丧失了再一次压低对方价格的机会。其实，在进行价格谈判时，最好的方法是加薪法。在现实生活中，类似的事情是经常出现的，当你去购买电视机时，对方的开价是4000元，这时候我们就可以采用加薪法来进行还价，即将中间价×2后，再减去对方的开价。也就是说，如果你觉得这台电视机可以以3600元进行采购时，你不能直接给出对方3600元的价格，而应该运用加薪法进行还价，3600元×2=7200元，7200元－4000元=3200元，也就是说你要给予对方的价格应该是3200元，虽然对方肯定会不同意，但这时候你就拥有了好得多的压价机会了，这时候你可以分几次来抬高你的价格，但却很难达到折中价3600元的高度。

拒绝对差价进行分摊的策略为：一定不要主动提出与对方进行差价折中，而是首先要明确地告诉对方"你所给出的条件还不是最好的"，然后要想法设法让对方先提出来，因为对差价进行分担，并不是一定要一人一半，而是可以在对方分摊的基础上进行二次分摊，甚至是三次，乃至多次。

对2000元进行分摊时是各自1000元，再次分摊时就是将1000元分为两个500元，如果进行第三次分摊，就会被分成250元。所以在谈判过程中，我们可以要求分摊，但绝不能主动去分摊，而是鼓励对方进行分摊，当对方进行分摊时，他将会下降50%，再50%，这时候你就可以拿到其中最好的价格了。

需要注意的是，当对方主动提出进行差价分摊时，就意味着对方的妥协。面对对方的妥协，你要做的是表达出自己心不甘情不愿的态度，一定要让对方觉得他才是最终的赢家。既然我们得到了实惠，那么就不妨塑造一种输给对方的感觉，以便让对方得到足够的脸面。

麦肯锡的经验告诉我们，在谈判中，当涉及价格谈判时，一味地滥用折中方法，将会导致己方处于十分不利的地位，即有可能丧失一些原本可能得到的利益空间，从而使自己在竞争中失去优势地位。而有策略地进行"妥协"，则会带来比普普通通的折中更多的利益，虽然难度相对而言大一些，但收获也会同样大一些。

47. 守住底线，"回落目标"坚决不能动摇

"回落目标"指的是在举行谈判之前，谈判的一方为自己所确定好的目标底线，也就是己方能接受的达成谈判目标，要求对方提供的最低限度条件或是达成服务的最低价钱付出。

在国际贸易中，大多数的企业并不会在进行谈判之前设定自己的"回落目标"。所以在面对对方的咄咄逼人时，他们通常会对谈判的过程感到厌倦，而且这种厌倦的感觉会随着时间的流逝而愈发强烈。这就导致他们会最终产生"谈判太无聊了，我们还是赶快结束吧，哪怕是吃点亏我也认了""赶快结束这该死的谈判吧，我还等着去吃东西呢""实在谈不下来的话，就同意他们的要求好了"这类的想法，而最终对对方做出不情愿的让步。

在美国的纽约曾经发生过这样一件真实的事情：

这是一次关于进出口许可证的谈判。很有才华的服装店老板松本先生，买下美国服装品牌的许可后，成功地将该品牌的服装在日本市场进行了推广。

他接下来计划开拓的是美国市场。松本先生是一位很不错的人，他能很好地和周围的人相处，也能得到大家的信赖。但是松本先生在面对紧张的谈判时，一想到要和自己的谈判对手针尖对麦芒地讨价还价，他感到脑仁都疼。

山下律师应邀陪同松本先生出席谈判，他们的关键问题在于进出口许可证的费率问题。松本先生在谈判前也制定了3%的底线，也就是说当许可证的费率超过销售额的3%时，松本先生就不合算了。

在进行谈判前，由于没有调整好时差的原因，松本先生感到很疲惫。在中场休息的时候，他告诉山下律师："我感到很疲惫，都有一种答应对方要求、马上结束谈判的冲动了。"

在下午的时候，对方的谈判律师直接找到了松本先生。或许是松本先生真的对这种来自谈判的压力和紧张气氛感到畏惧，他再次告诉山下律师："你跟他们说，我们可以再就费率的问题做些让步。""我们要不就答应对方的要求吧，反正哪怕是支付5%的费率，我们也是有赚的。""无论如何，今天我们一定要结束这该死的谈判！"

面对松本先生的让步，山下律师的坚持失去了意义，最终双方以销售额度的4%达成了费率谈判的协议。

在这个例子中，松本先生没有很好地和山下律师共同进退、坚持"费率不得超过销售额3%"的初衷，最后导致虽然事先制定了3%的上限，但在面对对方的压力时，还是做出了不应该的让步。回到公司后，松本先生感到很后悔，他认为如果当时自己再坚持一下的话，也许就能拿下对方了。

在麦肯锡式谈判的过程中，只有守住己方的谈判底线，甚至是在己方底线的基础上再有所提高，才能算是取得了谈判的最终胜利。因为底线是己方在谈判开始前就已经为自己设定好的警戒线，当底线被突破时，将会导致谈判最终倒向无法掌握的方向，甚至出现彻底的失败。简而言之，底线是谈判由量变向质变转化的临界点。

在谈判的过程中，面对有分歧或争议的问题，一旦事先做出决定，在谈判的过程中，就要坚定不移地去努力，无论谈判的过程是如何的辛苦，都应该坚持到底，决不能因为一时的冲动而造成不必要的损失。要知道，一项不合适的协议的达成，可能会对未来的一段时间都造成不利影响。为使自己在谈判过后不会后悔，在谈判的过程中，我们应该对事先制定的"回落目标"坚持到底。

48. 学会衡量短期利益和长远利益

在谈判过程中，我们要学会区分短期利益和长远利益，并处理好短期利益和长远利益之间的关系是至关重要的。这涉及一个人是否具有长远眼光和牺牲意识的问题，而这两个问题在某些针对危机的谈判中起着不可小觑的作用。下面就来看看短期利益和长远利益之间到底有什么区别和联系，在谈判之时又应该对它们做出何种取舍吧。

谈判中的短期利益——价格

短期利益指的是在本次谈判中所能得到的利益。

比如在市场上的买卖中，卖方会竭尽全力地抬高产品的价格，而买方则想方设法地进行讨价还价，哪怕是为了看似微不足道的利益，双方也有可能会争得面红耳赤，这是再正常不过的事情，毕竟双方都是在为实现自己利益的最大化才进行谈判的。

谈判中的长远利益——价值

有时候，人们也应该在考虑短期利益的前提下，兼顾长远利益。

（1）稳住长期客户的价值

长远利益指的是什么呢？举个最简单的例子，作为卖方，如果希望自己的顾客再次惠顾的话，就应该让他明白哪里的东西是最经济实惠的，只有这样他才会再次光临。即使他不一定再回来，那他也会将这个事情告诉他身边的人，这样一来，卖方就得到相当可观的长远利益。

（2）获得回报的价值

从买方的角度来看，也是同样可行的。

甲、乙两家公司对口的经营公司。甲公司长期以来都是从乙公司采购的。这次乙公司的销售经理程前来找甲公司的采购经理王翔帮忙了。原来公司当月给程前定的销售指标是以不低于500元的价格，处理掉一批数量达1万件之多的零件。而这种零件正好是甲公司长期需要的，只不过甲公司最近没有相应的采购计划而已。可是如果程前不能完成这个指标的话，他这个月的薪水就很有可能大打折扣。这时候他想到了与自己有长期合作关系的王翔经理。

虽然甲公司最近没有关于这种零件的采购计划，但是考虑到双方已经有长达十几年的合作关系，程前是一个懂得感恩、值得信赖的客户，同时己方的资金相对宽裕，所以王翔经理还是买下了这批零件，从而帮助程前经理解决了困境。既然这次甲公司为程前经理解决了危机，那么当甲公司或是王翔经理有困难时，懂得感恩的程前是绝对不会袖手旁观的。

为短期利益而妥协的弊端

曾经有一个年轻人向一位自己仰慕已久的成功企业家请教成

功的秘诀。

那名企业家在搞清楚年轻人的意图后，并没有说什么。而是随手拿起果盘里的一个苹果，当着迷惑不解的年轻人的面，将苹果切成了大小不等的3块。

"现在，我们就用这3块不同的苹果，代表不同的利益。请你放松自己，随性而为，选出自己想要的那一块吧！"说着话，企业家将3块苹果一起放在了年轻人的面前。

"这样啊，那我就不客气了。"年轻人毫不犹豫地拿起了他看中的最大的一块吃了起来。

企业家却随手拿起其中最小的那块。

吃完了小块苹果后，企业家不慌不忙地拿起剩下的那一块，然后不紧不慢地咬了两口。而这时，那个年轻人虽然也吃完了自己所选的那一大块，但是望着空空如也的盘子，却一句话也说不出来了。

忽然间，他意识到了自己虽然第一次就选取了较大的一块苹果。但就是因为这块较大的苹果，让他失去了第二次选择的机会。虽然企业家第一次选择了小块的苹果，但就是因为这块苹果较小，他很快就吃完了，这样他也就及时地拥有了第二次选择的机会。企业家两次的选择，显然取得了比年轻人一次选择后更多的苹果。

企业家在吃完苹果后，语重心长地告诉年轻人："小伙子，我想你现在应该已经明白我所要表达的意思了：成功就意味着一定程度上的放弃，只有懂得舍弃眼前的利益，才有可能获得长远的利益。这就是成功之道啊！"

同样的道理，也适用于麦肯锡理念引导的谈判。在谈判的过程中，只有懂得长期利益要高过短期利益，并能够正确处理好短期利益和长期利益之间的关系，才能够赢得谈判的胜利和来自谈判对手的尊重。

49. 谈判"失败"不等于失败的谈判

谈判"失败"是谈判终结的一种。一般情况下，谈判的终结有3种：达成成交协议、谈判中止和谈判破裂。

达成成交协议指的是谈判双方针对谈判目标达成完全一致协议或部分成交，但在修订目标后达成一致的谈判结局。

谈判中止指的是谈判双方因外部原因或内部原因达不成成交协议时，谈判双方约定或由谈判的一方提出的要求暂时性中止谈判的结局。谈判中止的本意是暂停谈判，它不同于具有攻击性和谋略性的冷冻政策。

谈判破裂指的是谈判双方虽然经过努力，但没有达成成交协议而结束谈判的谈判结局。谈判破裂是谈判中不可避免的结局现象。谈判破裂有友好破裂和愤然破裂的区别。

友好破裂指的是谈判双方对没有达成成交意向的谈判在体谅中结束谈判

的形式，究其原因在于谈判双方各自对交易立场和条件的坚持。友好破裂是建立在谈判双方相互尊重理解、注重客观、保留余量的基础上的。友好破裂是明智谈判对手在谈判破裂时，所尽力争取的结局。

愤然破裂则指的是谈判的双方以一种极不冷静的态度来结束的未能达成一致意见的谈判形式。不同于友好破裂的一面在于，愤然破裂忽略了谈判中双方本质条件上的差距，而关注的重点放在了谈判对手的态度上。

虽然保持积极乐观的态度是很重要的，但是作为一个成功的谈判人员必须要学会如何去面对现实，因为在现实中，并不是每个谈判的结局都是完美的。当事情进展不顺利时，如何处理挫折就显得十分重要。

失败的谈判是没有必要被完全看作是挫折和失败的。因为在谈判中常常会伴随有反败为胜的机会，当你因为谈判的失败而懊恼甚至是因此而失去信心时，对个人而言，不仅没有哪怕是一丁点的好处，甚至还有可能会害了自己。

你没有失败：拒绝成功有时是一种自保

我们常常能发现这样一个情况：如果一下子能够感觉到事情不对劲，那么往往是方法不科学的缘故，其实若是没有更为有效的方法被提出时，这些看似不科学的方法在当时也并不失为解决问题的好办法。在谈判过程中，一旦感觉到事情不对，就要立即中止。与令人不适的交易相比，能够及时地划清界限的做法，反而更容易让人接受。

曾经有这样一个例子，有个想要成就自己一份事业的人，他与一位愿意售卖产业并退休的卖主会面，洽谈的是买卖的事宜。和蔼友善的卖主具有丰富的生意经验，因此商谈很舒适，即使是开价较高，买主也并没有表示异议。在他们的几次会面中，吃饭的开销都是由买主来支付的，这给卖主留下的感觉很好。他看到买主对本行业的熟悉和配合的态度，便认为买主肯定会接受他提出的价格以及其他条件。

但是在最后阶段，买主提出的要求完全颠覆了此前的印象。

买主虽然同意卖主的开价，但却要求以期票的方式来按月支付较高金额的购买费用，也就是说，他用来支付卖主的都是他做生意所赚取的利润。这些令卖主大为光火的条件，买主给出了自己颇具说服力的论点：如果以现金来支付的话，将会导致卖主价格的降低，还会导致激烈的讨价还价，最终影响交易的早日达成，而买主在接受此买卖后将会全力以赴地对其进行发展，并不打算进行长期谈判，所以不准备事先以现金来进行支付。

这样的变故令卖主感到很沮丧，因为在他的预期方案中，交易应该是快捷而容易的。要知道心理上早已退休的他已经联系好南方滨海地区的休闲度假。想到如果答应买主的话，他将不得不依赖契约，而不是现金来进行生活。于是他给买主打电话说，虽然他也认为买主是个十分讲究诚信的人，但他说服不了将自己产业更换为按月来支付期票的法律承诺。他讲到，为了表示买主的良好信用，买主应该先支付部分现金。在卖主看来，自己将事业交付给买主，买主就应该给予他具体的回报。但是他的要求却遭

到了买主的拒绝，买主认为早先提出的支付方案是他们做生意的
一贯方式。

听到买主的解释，卖主叹着气挂断了电话，他想到自己应该
去另外寻找买主了。后来的情况发展，充分证明了卖主选择的正
确性。这个买主按月结的方式购买了另外的一家事业，但是时
间不长就因为经营不善而导致无力支付，最后将买卖归还原主
了事。

在这个例子中，卖主坚持了自己立场，因为买主拒绝了他提出的每一种
可能的代替方案，除了在金钱上诚恳负责的承诺外，就连象征性的预付款也
拒绝支付。在卖主看来，买主只能提供不具备任何保障的口头上的承诺，这
样卖主感受不到买主购买的诚意。所以他干脆地拒绝，后来的事实也证明了
他的精明之处。

你没有失败：柳暗花明又一村

在必要时退出谈判，有时候也不失为一种正确的选择，在谈判的过程
中，没有必要一味地牺牲自己本来的意愿来促成谈判，不计代价地一味求胜
是不可取的。否则，当你坚持这样做时，很有可能导致你不能心平气和地谈
判，就会使谈判成为满杯的苦酒和压迫自己的十字架，而从大幅度降低谈判
成功的效率。

那么，坚持自己的意愿相对而言会有哪些好处呢？我们要看到，具有积
极进取精神的人要求加薪而被老板拒绝后转而自立门户并走向成功的例子举

不胜举。这就是"山重水复疑无路，柳暗花明又一村"的最好写照。也是坚持自己的意愿，主动让谈判"失败"的附加好处。试想如果他们当时加薪的要求被通过的话，他们还有后来的自己事业上的成功吗？多半会继续在当初的岗位上拿着固定的收入而"安度"一生吧。

同样的道理，因先天不良的原因而得不到任何进展的生意，与其一味地顶着压力去努力，倒不如退出这个谈判、进行下一个谈判更为现实。"条条大路通罗马"，当一次谈判失利的同时，也意味着另一次谈判的即将开始。要知道看似失败的谈判，同时也是谈判对手一次重新选择的开始。也许你会以更为优惠的条件，能够在另外的谈判对手身上取得成功也并不是没有可能的。

第十章

别被一时的占据上风所迷惑

在谈判的过程中，当激烈的讨价还价过程结束后，并不意味着谈判危机的结束，在谈判过程中还会存在如下的谈判危机和禁忌，很值得我们去注意。谈判成功之后，危机就一定会消除吗？那也是不一定的事情。通过阅读这一章来给自己"泼一盆冷水"吧，之后，你就能更加理智冷静地像个麦肯锡人一样进行更有深度的思考了。

50. 胜利在望之时，越发需要理智

在谈判过程中如何收尾是一门艺术，它需要的是对于谈判火候的掌握。同时还需要注意，轻易而得的谈判胜利，很有可能是谈判对手为取得最终胜利而设定的圈套，更不能因为即将到来或是已经获得的胜利而得意忘形，在谈判过程中需要特别注意保持理智，一定要做到宠辱不惊。

密切关注真正的谈判成交信号

很多情况下，一场持续时间很长的谈判，在其谈判的展开阶段进展甚是缓慢，但是又会在某次刺激下，谈判的步骤会得到突然间的加快，谈判双方在极短的时间内做出大幅让步，致使大量滞留问题很快得到解决，最后细节的拍板甚至是在几分钟内完成。谈判双方会因为最后时刻的到来而处于准备结束的激奋状态，而导致这种状态出现的，很有可能是其中某一谈判方发出的谈判成交信号所引起的。

成交信息因谈判人员的不同而有着不同的表达形式，但总的来说，无外乎如下的几种：

第一，谈判人员对己方立场以简短的言辞进行阐述，话语中虽然能够透露要做出承诺的意愿，但却并没有欺诈的含义。最常见的是："您好，这是我方所能给出的最后决定。希望贵方也能拿出你们的诚意来！"

第二，谈判的一方提出完整而绝对的建议，在建议中明确了所有问题的解决方案。当他的建议不被认可时，他唯有选择中断谈判。

第三，谈判的一方以最后决定的语调来表明自己的最终立场，同时端正身体，交叉两臂，将文件置于一边不顾，双眼注视对方，显得不卑不亢，更没有一丝紧张的表情。

第四，谈判的一方以"是""否"和"对"这类简单短语来对对方的问题进行极为简单的应答，同时不再进行论据的阐述，这就表明谈判人员已经确实认为方案没有再进行折中的余地了。

第五，谈判的一方一而再，再而三向对方列举出很多理由来证明谈判在现在结束才是对对方最为有利的事。

谈判对手发出这些信号是为了推动自己的谈判对手摆脱勉强和惰性的状态而做出一个承诺，其最终目的在于使对方能够行动起来。但需要注意的是，为避免谈判对手愤而退席，不能使用过于高压的政策；为促使对方能够做出让步，也不能过多地表露出自己认为谈判此时应该得以达成的欲望。

理智看待"胜利"

当谈判取得一定的进展或获得全面胜利之前，绝对不能表现得过于兴奋。因为一旦你表露出心里的兴奋，就有可能遭到对方的反击。在谈判中，对方的让步会使我们感到高兴，但如果对方在正式签约时，提出取消让步，并列出种种原因的话，这就有可能引发谈判过程中的争论，从而形成谈判的不公平。如果对方这个时机把握较好的话，那么作为谈判对手的我们，可能就面临不得不让步的局面。所以说在谈判过程中，面临暂时性的胜利时，决不可表现出得意忘形的样子，要知道过于容易得来的胜利，有可能是对方布设给我们的陷阱。

不在最后一刻给对手可乘之机

经过艰苦卓绝的讨价还价过程，谈判双方就谈判中出现的每一个问题都已进行过交流，也取得了一定进展，但仍有一些最后障碍的存在，在这种交易趋于明朗、接近谈判冲刺阶段的收尾时，作为谈判人员更应该保持敏锐的谈判观察力，决不能忽略对方成交信号发出的尺寸，否则很容易导致我们功败垂成，使谈判走向失利。一方面，如果因为放松警惕或急于求成，而对谈判对手施以高压手段的话，将很有可能导致我们谈判的前功尽弃，致使即将成功的谈判功亏一篑；另一方面，如果显露出我方较大的成交热情的话，则有可能被对方强迫我方做出更大程度上的让步。

王强是某保洁公司的经理，当天隆大厦即将完工时，王强通过关系，承揽下了包括房间清扫在内的整栋大厦的保洁工作。

但当他签完合同往回走时，不小心将位于侧门口的消防水桶打翻在地，导致桶里的水洒了一地。旁边的一位职工拿着墩布麻利地将地板上的水拖干。

但很不巧的是，王强打翻水桶的一幕，正好被外出的大厦管理组长郭晓辉看到。郭晓辉认为王强作为保洁公司的经理，竟然如此的不小心，那么他们公司的员工做事就更加让人没法放心了。于是郭晓辉直接安排秘书打电话给王强，取消了双方刚刚签署的墨迹未干的合同。

通过这个活生生的例子不难看出：千万不要在生意谈成后志得意满，越是在最后阶段，越要小心翼翼；要知道，你不小心打翻的身边水桶，很有可能同时打翻自己辛辛苦苦而来的成功。在谈判的最后阶段，因为得意忘形而使煮熟的鸭子再次飞走的例子早已屡见不鲜。

51. 动听的口头承诺永远比不上立字为据

在合同起草前，我们通常会在谈判过程中利用口头的沟通来对一些细节进行规划，对对方遗漏的细节进行补充和阐述。但是在建设法治社会的今天，简单的口头沟通协议是没有任何法律效力、不受法律所保护的。

俗话说"口说无凭"，一旦谈判的双方达成协议后，就会采用标准的文字将双方的权利和义务详细地规定下来，因为大家都相信正规标准的问题比口头约定具有更大的说服力。书面的东西更容易让人信服，打印出来的文字会具有更大的影响力。大多数人对于口头相传的东西总会带有一丝怀疑，却笃信写在纸面上的东西。这就好比，当你站在路口告诉路过的司机"前方道路坍塌，不能通行"时，远不如树立一块"前方塌陷，禁止通行"的警告牌来得更直接，更容易让人信服。

重视谈判时的小结有助于梳理协议内容

每一次正规的谈判的结果都需要严整紧密的协议来进行确认和保证，而谈判协议则是对谈判结果以法律形式所进行的记录和确认。为了更好地起草协议，应该在谈判的过程中做好记录，并着重标出其中的关键，即谈判过程的小结。所谓小结，是指在谈判过程中，当谈判进行到某一节点时所做的归纳总结。它是对该阶段内双方议程中达成的协议和分歧的整理，对谈判议题的安排具有组织作用。

做小结的方式有口述、纸书和板写3种，一般都是主谈人进行口述，由谈判助手进行记录。纸书指的是以"备忘录""纪要""记录"形式出现的小结文件，它可以是双方共拟的文件，也可以是单方的文件。板写指的是写在黑板、白板或纸板上的对谈判阶段和场次的交接，根据记录侧重点的不同，有己方主写和对方主写之分。

小结具有及时性、准确性和刺激性的特点。其中及时性体现为适时上，反映的是谈判某一时间节点的东西；准确性体现在客观地对谈判结果进行反映，并且得到谈判双方的认可；刺激性主要体现在其承上启下的作用上。

小结除上述内容外，还可以包括：日程的安排、目标的确定、人员的组织安排等。

做小结的目的在于对谈判过程进行"清理和导向"，即通过小结来消除谈判过程中可能出现的混乱现象，对谈判的阶段性成果进行收获。同时，我们可以提醒自己在谈判过程中答应过对方的条件，其中包括哪些并不为你所喜欢，但却是对方要求必需的。通过小节来对谈判过程进行整理，从中找出谈判中的异同点，明确下一阶段的谈判目标。小结虽然针对的是已经完成的谈判阶段，要求其内容紧抓谈判的主题，但它并不只是对谈判议题的再现，而是对谈判议题的再次扩展，是对其中异同点和支持点的归纳和总结。

谈判协议的内容应该与谈判记录（小结）保持一致性。在协议起草过程中，一定要杜绝出现协议条款与谈判记录（小结）不相符合，以及协议内容中出现模棱两可、含混不清内容的情况。

起草和签订协议前的谨慎再三

在谈判中，我们不要期待能够一次性地将所有的问题都阐述明白，并且没有任何细节的遗漏。换个说法就是在谈判过程中，我们可以充分利用合同起草前的这段时间来对自己遗漏的条件和细节进行适当补充和完善。作为谈判人员一定要明白，当谈判协议一旦签字生效后，双方的交易就必须以协议为基准了，而不再与此前谈判的过程有任何的关联。因此，在起草和签订谈判协议之前，务必三思而后行，务必让立字为据的"字"是对你而言最为适宜的谈判结果。

（1）尽量由我方起草谈判协议

为保持自己在谈判中的有利地位，无论何时一定要争取掌握谈判的主动权。在合同的起草阶段，如果条件允许的话，一定要亲自动手来拟定。因为在复杂的谈判过程中，种类繁多的口头约定以及一些细节的问题很有可能会被双方在起草合约时所忽略和遗忘，而导致对方在起草合约时是按照符合自己利益的方式来起草的，这就导致了己方将会处于被动和不利的局面。因为撰写合约的一方已经将对他们有利的条款写成了文字，而对方只能在签约的时候临时提出修订，这些口头承诺的东西却不一定会被写入合约中。无论是谁起草合约都会尽可能地将对自己有利的条文做到尽善尽美，而当对方要求的条款不利于己方时，则会将其最大程度上模糊和淡化。

在协议起草时，也有很多"一字之差，谬之千里"的现象，比如外国人和外地人，差的就不止十万八千里了。这里有个生动的例子可以体现出这一点。

在民国初期，山东军阀韩复榘军政大权集于一身，声势煊赫。

他有一个前清秀才出身的堂叔因在家无业，就到济南找他，希望能给安排一个养家糊口的工作。韩复榘满口应承，并立即写好手令，与其堂叔的履历表一起装入档案袋中，交付秘书长去办理。

秘书长打开档案袋后，大感惊讶，但还是不折不扣地执行了韩复榘的命令——将老头就地逮捕，并关押在军法处。

又过了一段时间，韩复榘召开军政会议时，左瞅右看不见其堂叔，就问身边的秘书长："为什么老太爷没有出席会议呢？"

秘书长马上回答："按照您的命令，他还被关押在军法处呢！"

"什么？是哪个王八蛋让你把他抓起来的？他可是我老叔！"韩复榘听后，大怒道。

这时候秘书长从口袋里取出了韩复榘的手令，只见上面清楚地写着："抓往军法处！"韩复榘一看，立马对秘书长说："你看看，我这不是让你把他'派往军法处'吗？你们怎么把他抓起来了？"

听到韩复榘的话，秘书长对他说："主席，'派'是水字旁，你写的是提手，带提手的这个念'zhua'。"

听到秘书长的解释，韩复榘大脑袋一扑棱，眼睛一瞪："什么水字旁、提手旁？做什么事情，能离得开手啊！不要再狡辩了，赶快去请老太爷过来开会！"

就这样，韩老头又被放了出来。被放出来的韩老头听到此事后，立马赋诗一首：

写个公文'派'为抓，太爷无辜当军法。

岂敢留在济南府，'手令'来时必吓杀。

写完后，扔掉笔，怒气冲冲地返回老家去了。

所以我们在起草协议时，一定要向对方讲明协议中的所有内容，当对方没有正确理解协议内容时，他们往往会将这些条款以及出现的相应问题及全部的责任都推诿到你的头上，并拒绝承担任何责任。

同时，为避免增加谈判中的不必要的麻烦，在形成书面文字后，要尽快安排对方确认签字，耽搁时间一长，对方很有可能会提出这样或那样的质疑。

（2）对方起草谈判协议时的注意事项

在现代社会，大多数的合约都是由电脑生成的。有个别的谈判人员会为了己方利益，而故意在谈判协议的签订过程中，对谈判结果进行更改，在数字、日期以及关键性的概念上做出利己的小动作，甚至为此而推翻自己当初的承诺和认可也在所不惜。

有时候，对方在合约中的微小改动，损失的可能是你几年后的利益。等到利益冲突已经发生的时候，你再说没有注意到这点、没注意那点，或是对对方手法的卑鄙进行谴责，都为时已晚，因为合同早已生效。在现实中，大约有20%的人就是因为从头到尾阅读合同时的轻视和马虎而被对手所愚弄。

这就需要我们在将谈判成果向谈判协议的转化过程中谨慎小心，不得有丝毫的松懈。为避免对方撰写中对某些内容的曲解或是设置陷阱，在审读合约时，应尽量做到对其中的每个细节、每个修订都了如指掌。因此在谈判协议签订前，首先对谈判的所有内容和交易条件进行确认，不妨认真地多看几遍，同时为便于分析比较，一定要保留每次修改后的底稿。其次，一定要确保你所在团队的每一名成员和对方团队的每一名成员都能够浏览一遍，这就能够避免你在其中的忽略，或是对对方要求的误解。同时，"当局者迷，旁观者清"，作为谈判一方的你，也许受情绪影响而误信对方实际上并未答应的条件，这时候就能够被及时地提出并进行修订了。最后，将起草好的协议与谈判结果进行一一对照，直到确认二者无误后再行签字。

52. 对方也需要小恩小惠的安慰奖

在我国有"己所不欲，勿施于人"的说法，在谈判中也有类似的话，它讲的是如果在谈判结束时，没有取得预想中的"双赢"，而是以"零和博弈"结束，也就是说其中的一方以绝对的优势取得了谈判的胜利，而他的谈判对手在谈判中只是无可奈何地进行妥协，那么在日后的生意往来中，作为谈判失利的一方很有可能会对谈判取得胜利的一方进行恶意报复。所以在临近谈判结束的时候，对自己的谈判对手施以小恩小惠的安慰，是谈判过程中一个很重要的策略，也是作为谈判胜利者的一方所必须表现出来的态度。

让步和小恩小惠的区别和联系

在与那些熟悉谈判流程、熟练掌握谈判技巧的人进行谈判时，由于对方对自己谈判能力的极度自负，常常会导致我们不得不通过违背常规的方法来达成协议，因为只有这样才可以确保我方在整个谈判过程中的有利地位。在这种情况下，达成谈判协议的阻碍条件将是对方强大的自尊心和虚荣心，而价格及协议条款等项将退居次要地位。

比如，当你与某公司的部门经理进行谈判时，也许他需要的是向采购部门的职员显示自己谈判的能力，这就导致在整个谈判的过程中，由于他不愿意接受你所提出的价格这个因素作怪，使得他在谈判过程中都有一种被动的感觉，从而导致整个谈判的过程一波三折，相当的不顺利。在这种情况下，如果你想让客户比较容易地接受你的方案，不妨在谈判的最后阶段，做出一个哪怕是微小的让步。不同于谈判中的小恩小惠，这时候做出的让步幅度可以不大，但关键是要把握好时机。只有掌握好让步的时机，才能起到事半功倍的效果。

（1）做出最后让步的时间和幅度

在谈判进行到最后阶段时，谈判双方往往会出现在个别问题上纠缠不清的情况，这时候为能够达到签订协议的最终目的，就需要其中的一方做出让步了。但在做出让步时应注意：

当你在谈判过程中，过早地做出最后让步时，常常会被对方理解成所做出的让步是谈判过程中大家讨价还价阶段的争论结果，而并不是己方为达成本次谈判而做的最终让步，这就容易导致对方做出进一步的要求，而对己方步步紧逼。而若是你在谈判过程中做出最后让步的时间过晚，则会淡化让步对对方的影响和刺激力度，导致谈判过程中难度的增加。

选择最佳的让步时间，是为了使最后让步所取得的效果能够达到最大化。通常情况下，分为主要和次要两个部分来进行最后的让步，在谈判的最后期限之前做出主要部分的让步，让对方有足够的时间进行享受；次要部分的让步则要求在最后的时间、以最后"甜头"的方式给出。如果将谈判比作一桌丰盛宴席的话，那么主要部分的让步就是席间的压轴的那道拿手菜，能够起到掀起最后高潮的目的；次要部分的让步则是宴席行将结束时的果盘，能够起到疏解心扉、愉悦心情的作用。

如果在最后进行较大幅度的让步，反而会让对方难以相信这是最终让步而得寸进尺；而当让步幅度过小时，又会被对方看作微不足道而难以获得满足感。

在考虑最后让步的合适幅度时，应该综合考虑谈判对手在对方组织中的地位和级别高低。在大多数情况下，在谈判临近结束时，谈判的双方会派出各自管理部门的重要高级主管来主持收场，这就要求最后做出的让步要满足下面的条件：做出的让步幅度要与对方主管的地位相匹配，也就是说我方做出的让步要满足谈判对方主管的尊严需要，要让他觉得自己得到了足够大的面子。做出的让步幅度不能过大，当做出的最后让步过大时，会被该主管认为自己的下属没有做好前期的工作，从而导致谈判的进一步延续。

需要注意的是，在谈判过程中对于己方做出的最后让步，必须要保持坚定。因为对方会在我方做出让步后，千方百计地来对我方所做出的让步是否是真正的终局来提出质疑，若是你轻易地被其牵引着思考，甚至改变了最后让步，那么谈判就很难在短时间内完美收尾或是最大限度地维护自身利益了。

（2）无伤大雅的小恩小惠

高明的谈判对手会在谈判过程中通过小恩小惠来使自己的谈判对手始终保持一种很舒服的感觉。给予对方小恩小惠的"安慰奖"的关键在时机的选择，而不是恩惠的幅度大小。

比如，你可以告诉你的客户说："在价格方面，我们真的是无能为力了；但是如果你们能接受这个价格的话，为保证顺利运行，我可以亲自进行安装监督。"虽然，在此之前你可能就是这么安排的，但是由于你一直保持很客气的谈判态度，这时候提出这一项的话，就很容易为对方所接受了。对方很有可能就会感于你的诚意，同时也觉得自己得到了补偿，而直截了当地说："好的，好的。我们就这么办！说好了，安装的过程由你亲自进行监督。"

在具体来说，谈判过程中的小恩小惠，主要体现在以下方面：

第一，对所销售的产品及其服务提供操作培训课程；

第二，为便于对方对于订单的审定，保持一定时期内价格的稳定；

第三，承诺的合同工期，由原来的30天延长到45天；

第三，以我方提供的价格成交后，可以在其后的3年中，继续享受2年的附加服务担保。

小恩小惠的安慰策略主要应用于谈判后并没有给出最为优惠价格或做出最大让步的时候。如果在整个谈判的过程中已经做出了自己力所能及的最大让步，再对对方施以小恩小惠的安慰，就显得画蛇添足和无关痛痒了。

千万别画蛇添足地"炫耀"胜利

在谈判成功之后、进行庆祝的时候，应该注意的是绝对不可以因为过分高兴而喜形于色；更不能在为自己进行庆祝的时候，而忽略对方的感受，或是伤害到对方的感情，不然的话，将有可能会因为引起对方的不快而导致谈判成果无法进行维护。

一位推销人寿保险的业务员，这样问即将为自己的丈夫签约的老妇人："老人家，您是否觉得，和我们公司签订了合同后，在自己的心里有了安全感呢？这样即便有什么事，您自己也有保障了。"

听到这话，老人有点不高兴了："小伙子，你是什么意思？你是在说我买保险是盼着丈夫出事，然后好去拿你们的保费吗？你这话说得太没有水平了吧！这样的话，保险我们不买了！"

　　就这样，在合同签订之前，因为一句话说得老太太烦恼了，使得原本已经到手的保险生意泡汤了！

　　如果在谈判结束后，将谈判的结果认定为个人或单方面的成功，单方面地进行庆祝，为己方获得的利益喜形于色，甚至对谈判过程中己方出现的漂亮动作进行夸耀，在彰显自己谈判艺术的同时，也是对对方谈判能力低下的讽刺。这种的做法往往会自找麻烦，甚至为此而激怒对方，导致对方恼羞成怒地将已经约好的东西全部推倒重来，或是提出一些会导致协议无法签订的苛刻条件，甚至是即便签订了双方谈判协议，也会在协议的履行过程中千方百计地加以报复性破坏。

　　在谈判行将签约、即将走上大功告成阶段时，更要千百倍地小心，绝对不能使自己的谈判对手感觉到额外的压力，以免因为对方的情绪受到打扰，提出改变主意，而导致谈判成果前功尽弃。作为在谈判过程中取得了谈判中的较多利益的一方，成熟的谈判人员在这时一定要认定这是谈判双方共同努力的结果，是建立在满足双方需求关系基础上的成功；同时还要对对方谈判组成人员的谈判技能进行赞美和认同。只有这样才能起到安慰对方因收获较少而失衡的内心，满足他们的心理需要。如果你不善于此，那么这时候适宜的做法是慢慢地将桌上的文件收拢在一起，而不是和自己的谈判对手漫无目的地聊天，否则难免会犯了言多必失的错误。

53. 如何对付因为失败而发火的对手

在谈判中，常常会有对手因为没有取得预期目标而选择僵持或猛烈攻击，这时候，面对气势咄咄逼人的对手，作为一个优秀的谈判人员，应该保持冷静的头脑，控制对方情绪，避免情况恶化，从而对现场进行控制，以正确的应对策略来与他进行抗争，决不能自乱阵脚。

挖掘对方发火的深层次原因

当谈判对手因为难以达成他的谈判目的而气急败坏时，弄清他生气的原因是很有必要的。心理学者认为，不同的人在发怒时会采取不同的方式进行表达。有些容易激动的人不论大事小情，稍有不顺心，点火就着；有的人则是虽然内心很生气，但仍克制自己，不会将愤怒反映在外观上；有的人则是"马背上摔跤，牛背上出气"，习惯于将怨气转嫁在无关之人身上；还有的人则是死不认账，即使自己错了，也找理由跟别人发火。根据这些区别，你就可以大致分析出他发怒的原因所在了。

（1）谈判失败，你就成了他的出气筒

在现实生活中，每个人都会有发怒的时候，发怒是一种情绪的宣泄。伴随着工作和生活压力的增加，各种不理解和困苦使得人们精神越来越紧张，心理负担也越来越大，人们也就变得更加脆弱和容易发怒。不知不觉中沉积于心的琐事，都会变成挥发不了的怨怒。恰巧此时谈判失败，那种生活的挫败感越发强烈，也就在沉默中难以控制地爆发了。

面对这种原因而发火的对手，你应该采取冷处理的态度，给对方一点自我调控和宣泄的时间，时间一过，情绪缓和，他也就能认识到自己刚才的失态并表示歉疚了。如果你不明就里要与其好好说道说道，反而会激发出对方更多的负能量。

（2）未能在谈判中获得预想的尊重

谈判导致的愤怒往往是对方得不到尊重时的一种强烈的情绪反应。在每个人的内心深处都希望能够获得来自于别人的尊重，这是作为一种自我意识而存在的，是一种强烈自尊心的表现。当我们在谈判过程中，忽略对方的感受，而一味地坚持己方的观点意见时，就很有可能导致谈判对手因为得不到尊重，恼羞成怒而发火。

面对这种原因而发火的对手，你要做的便是放低姿态、带上真诚的微笑，对对方此时的情绪加以认同理解，表达出"我是很尊重你的，我现在只是公事公办，让你对我的行为产生误会我觉得很抱歉，但我们以后还有更多的合作机会可以体现出我对你的尊敬"。要知道一个人只有在他受到伤害时才会生气，而认同他受到了伤害是有助于帮助他减轻愤怒情绪的。

（3）越是没理，越要嚷嚷

面对这些易怒型的谈判对手，你需要明确的是：俗话说"有理不在声高"，那么反过来说，大多数喜怒形于色的对手，在其气势汹汹的背后掩饰的是不足以说服对手的理由。那些试图用咄咄逼人的气势压倒对方的谈判人员大都是这种情况。

面对这种原因而发火的对手，你应该学会从对方的角度来对问题进行思考，虽然你未必能听得进他的诉求，但却必须要有这方面的意识。这将有助于你了解对方的弱点，并采取相应的手段加以对抗。

不要以暴制暴，对方越不冷静，你越要冷静

谈判过程中最忌讳的就是不能很好地控制自己的情绪和态度。当你把个人情绪带入工作中时，往往会使集体的利益因个人得失而受到损害。历史上因一怒而发地去做事而导致失败的例子数不胜数。《三国演义》中关羽大意失荆州、败走麦城而被杀后，怒发冲冠的刘备拒绝所有大臣的劝慰，一意孤行坚持率兵伐吴，结果因小失大最后被火烧连营，落得个托孤白帝城的下场。从这个例子中，我们不难看出如果在关键的时候让怒火来左右情绪的话，将会使我们付出极其惨重的代价。

双方进行合作谈判的目的是双赢，所以保持谈判双方冷静的谈判态度有助于消除彼此间的不信任感。工作需要体现的是团队精神，谁也不想因为个人情绪而导致谈判失败，所以在谈判过程中控制自己的情绪和态度是很必要的。尤其是在自己的谈判对手因愤怒等原因而发火时，作为他的谈判对手，你只有能够及时压下自己待发的怒火，尽量做到不伤和气，才能使谈判走回正途、迈向成功。

重在沟通

在很多人看来，谈判不是一场简单的讨价还价的口水之战，而是一场胜负的角逐，是你死我活的战争，在他们心目中谈判是一件令人恐慌的事情。特别是当彼此间沟通不畅时，就会在恐慌之后导致人们产生愤怒的情绪。

其实如果我们在谈判中，能够彼此设身处地地为对方的利益着想，就能够最大限度地确保对方获得利益，从而达到双赢的谈判目的，而这种美好的双赢结局，是需要谈判双方互相理解、协调与合作来共同完成的。为了实现理解，必须重视沟通，既要在谈判时心平气和地去发表自己的意见，同时也要赋予对方表达意见的机会，及时彻底地对问题进行有效沟通，只有这样才能真正做到增进彼此间的了解。

当对方表现出愤愤不平的情绪时，你一定要尽快表明自己的立场，让对方知晓自己正在积极地解决由他带来的问题；对于对方这时候提出的具体要求，也不妨在沟通之后采取部分答应的策略来缓和紧张的局面；如果你忽视沟通、拒不交流，不能对他的要求做出满意答复，还以十分坚决的态度进行答复时，就很有可能导致对方进一步过激行为的产生。

攻击型的谈判对手面前，不要轻易服软妥协

虽然刚才说过，可以在对方生气时，部分答应他所提出的要求，但是要知道，虽然对峙将会丢掉生意、一笔生意丢了可惜，但是妥协令人损失的是利润，如果赔钱去做的话，更是一种负担，这会与我们进行谈判来解决危机的初衷背道而驰。

　　李冲有一次外出的时候，车坏在了半路上，只好在附近找了个修车匠来修理。

　　谁知车修好后，对方居然索要天价的维修费，这令李冲感到不解，无论如何修理费也不可能这么高啊！虽然修车人付出了自己的劳动，但是维修费怎么也要合情合理才对，不能高得离谱！所以，双方就修理费是否过高而发生了争执。

　　无奈的李冲只好打电话给自己做律师的朋友王鹏，王鹏建议他跟修车师傅说一声，要打电话通知他的主管部门或地方政府，然后才可以付费。

　　听到李冲的话，修车师傅怕小事闹成大事，所以只好无奈地按照正常的标准收取维修费。

　　由此可见，与攻击型的对手进行谈判时，不要害怕他们所表现出来的咄咄逼人的气势，绝不可以因为惊慌而自乱阵脚，更不能因为愤怒而失去自己的分寸。在与他们进行谈判时，当你自乱阵脚或是失去分寸时，对方的机会也就来临了，这时候受到伤害的反而就是你了。

　　你可以不申辩，更不惊慌失措，而是以冷眼相对。一定要仔细地去寻找他那些理由不足的要害地方来进行反驳，因为他们那些所谓的道理大都是站不住脚的，但在反击的时候，一定要掌握好一定的策略。当你使用令他感到恐惧的方式来对付他时，他也许就会变得明白事理，嚣张气焰因此受到打压，不再无理取闹了，你就能够采取常规的方式来与他进行谈判，这意味着你也就基本上取得了谈判的胜利。

54. 维护谈判成果离不开事后保持沟通

谈判是双方共同利益的载体。但是在追求共同利益的过程中，却又存在着各式各样的利害冲突，这些冲突会破坏共同利益的和谐性，甚至令谈判协议成为一纸空文。所以当我们经过千辛万苦的努力，最终获得谈判的成功之后，还需要做的就是保持事后的沟通，以利于谈判成果的巩固。

回收货款（主要是尾款）的方法和注意事项

谈判结束、签订协议、发货，这些并不能算是最后走向成功，要知道还有货款（主要是尾款）有待收回。只有当货款全部收回时，才能算是整体谈判的成果得到巩固，因为做生意的目的是攫取利润，当你得不到货款，利润也就无从谈起，危机也就难以解除了。在巩固谈判成功的成果、回收货款（主要是尾款）的过程中，要注意如下的问题：

货款（主要是尾款）回收可以由参与谈判、签订协议的业务员本人前去收取；可以由公司的财务科等部门出面进行收取；可以联系对方自己前来交纳；也可以委托银行、融资机构等代为收取。承办货款（主要是尾款）回收业务的人必须拥有强烈的责任感和严格的纪律性，同时还要熟悉本职业务。在上门收款前，首先要提前联系对方的会计承办人员，给对方留出足够的准备时间。

货款（主要是尾款）的收取大都具有严格的时间约束规定，一般要求收款的时间不得迟于规定日期。作为收款人，必须明确对方需要付款的时间期限，这是对收款人最根本的要求。只有明确对方的付款日期，才能更好地催收货款（主要是尾款）。当货款（主要是尾款）回收困难，或是出现到期不能回收货款等情况时，要及时确定对方无法支付的理由，并约定好能够还款的日期。当出现回收不到货款（主要是尾款）现象时，要及时同主管领导进行沟通，听从指示，决不能擅自做出超越自己权力的决定。当不能明确迟收货款理由时，也要在第一时间联系上级主管领导，并于收款处等候领导的下一步指示。

当货款（主要是尾款）以现金形式结算时，要当面点清、验明。一直以来，现金都是相当敏感且容易出错的地方，所以在收取现金时要提高注意力，避免因疏忽而造成不必要的麻烦。当货款（主要是尾款）以支票形式支付时，要仔细核对每张支票中所记录的全部内容。

回收货款（主要是尾款）时，要仔细检查核对金额、签章及印花等各项数据，并交付对方查验。要了解对方是否对请款单的格式进行了规定，当对方有这方面的规定时，应严格按规定执行。

俗话说："钱不是万能的，但没有钱却是万万不能的。"对于企业而言，钱是一个很重要的东西。一旦在货款问题上出现问题，将会给进行交易的双方带来十分不利的影响。所以在回收货款时做到准确无误是十分有必要的。不然的话，将会使历经千辛万苦才得到的谈判功劳产生破裂，并引发一系列令人焦头烂额的其他麻烦。

项目实施中的信息沟通

除了货款的事情以外，一些项目的实施开展，也是谈判协议的内容之一，对于这些项目的计划、展开、阻碍、成果，当初谈判的双方必须及时地做好信息沟通工作，以便对一些在现实中难以实现的协议内容进行适当的调整，保证整体谈判协议的有效性和可操作性。

谈判协议难以实施后的再谈判

当谈判成果也就是谈判协议因为现实问题和各种不可抗拒的因素而难以完全达成的时候，比如合同建立的经济背景发生较大变化，谈判一方的契约代表发生变化等，就需要双方进行再谈判。

再谈判，也称为二次谈判、谈判的重建，是在首次谈判终结后，因一方要求或双方协商而重新恢复已经终结的谈判的情况。再谈判是对已经过去的谈判所取得的谈判结果的延伸，其关键在于对既得谈判成果的巩固。

再谈判在原则上具有连贯性，连贯性指的是再建的谈判是与相对已经过去的或成交的谈判而言的，其谈判的过程需要以过去的历史作为参考，同时也是上次谈判不可割裂的一部分。

举行再谈判的关键在于尽量开门见山、直奔主题，绝对避免出现"全盘重谈"的局面，但在谈判过程中，却又必须做到对上次谈判的"全面回顾"。

55. 力挽狂澜以后，防范危机的路还很长

谈判是扭转危机的一种有效方法，但即使是在谈判成功、取得一定成效之后，受到各种可能的外在因素影响，危机也许会再次光临，这说明我们仍需要在很长的一段时间内都提高警惕去进行危机防范。千万别觉得一时的力挽狂澜就能换来一辈子的风平浪静，要知道，危机四伏、危机此起彼伏，它是不会安安分分地待在谈判协议之下的，总会在你大意之时再次予以沉重打击。因此，建立起自己的忧患意识、危机意识，是有效防范危机再起的灵丹妙药，其绵长深远的影响绝不亚于谈判的救急作用。

一个人只有有了危机感，求生的本能才会激发出一个人的最大潜能，"无畏无惧"！如果一个人躺在理想的床上睡大觉，就会失去事业和生活的重量感，进而满足现状，不思进取，更不愿开拓冒险，久而久之就会丧失斗志。谈判获得成功、危机得以解除的企业尤其容易令自己身处这种安逸之中。

而智慧的企业家既善于在顺境中保持忧患意识，又善于在逆境下勇敢面对危机，使自己能够坚持不懈地努力，即居安思危、未雨绸缪、有备无患。国际上的一些知名大企业，他们的成功很大程度上取决于他们的领导者有强烈的危机意识，比尔·盖茨总是感到危机感的紧迫存在："微软离

破产永远只有18个月。"联想的柳传志一直认为："你一打盹，对手的机会就来了。"百度的李彦宏经常强调："别看我们现在是第一，如果你30天停止工作，这个公司就完了。"中国首家走出国门、现已成为世界百强的海尔，其领导者张瑞敏总是感觉："每天的心情都是如履薄冰，如临深渊。"

日立就是在忧患意识的激励下走向成功的典范：

20世纪70年代，由于世界上出现了石油危机，导致全球性经济大萧条，第一家驻京日本制造企业日立公司也深陷其中，首次出现严重亏损，一个个坏消息接踵而至。为了扭转不利态势，公司做出了一项违背常规思维的人事管理决策：1974年下半年，全公司所属工厂2/3的员工共67.5万名暂时离厂，带薪休假，回家待命，作为生活费，工资按照工资的97%～98%发放！

这项决策虽然在节省经费开支方面起不到什么重要作用，但它可以使员工产生一种保持积极进取状态的忧患意识和危机感。

日立不仅让一般的员工产生危机意识，而且它把这种危机意识影响到了公司上下。1975年1月，公司对4000多名管理干部实行了幅度更大的削减工资措施，从而使他们也产生了忧患意识，将所录用的工人上班时间推迟了20天，促使新员工一进入公司便产生了一种危机感、紧迫感。

在危机意识的激励之下，公司上下焕发出新的力量，都更加奋发地努力工作，为振兴公司出谋划策。就这样，仅仅过了半年，公司效益大幅度提高，达到了300多亿日元利润，比此前翻了一番。

在谈判结束之后，再次甚至是接二连三地出现各类风险是在所难免的，我们必须有这个心理准备。在取得一点点成绩的时候，记得曾经遇到的危机、以后可能遇到的危机；在遭遇一点点挫折的时候，更要分析曾经遇到的危机的先兆与现今的情况是否有相同之处，并且对即将到来的大危机进行预测，做出一系列行之有效的防范处理措施，就像日立公司一样采取积极应对手段把更大的企业危机扼杀在摇篮之中。借助这样的忧患意识、这样的"未卜先知"，当我们对可能发生的危机有一个全面的认识时，就有可能将危机带来的风险降到最低。

防范危机的道路是漫长的，就像给孩童注射疫苗一样，并没有什么只打一针就终身有效的药剂，你必须隔三岔五地提起精神、审视一下当前情况，对各种类型的危机进行深入全面的分析，这项工作是每个企业管理人、企业员工都应该参与进来的，当你能将其视作与本职工作同等重要之时，你也就随手关上了一扇扇通往危机和困境的大门小门。你的公司、你的事业肯定能如日中天、顺风顺水。